伊勢神宮内宮の参道　内宮は正式には皇大神宮といわれ、ご祭神は天照坐皇大御神。見上げるばかりの木立に囲まれ、玉砂利の上を歩くと身の引き締まる思いに

伊勢神宮内宮の正殿　平成25年に、20年に一度、62回目の式年遷宮が営まれて、新たな生命を宿した

伊勢神宮五十鈴川　神路山を源流とし、内宮の西端を流れている。古くから清流とされ、御手洗場が設けられている。この川に架かる宇治橋は聖俗界を分ける境界といわれている

仁徳天皇陵　「聖帝」と称えられる16代仁徳天皇の御陵は、前方後円墳で知られる大阪府堺市の百舌鳥古墳群にある

雲見浅間神社本殿　コノハナノサクヤビメの姉、イワナガヒメが祭られた雲見浅間神社は、富士山から約70キロ南の烏帽子山にあり、山頂に小さな本殿がある（静岡県松崎町）

鵜戸神宮本殿　ヤマサチヒコとトヨタマビメ夫婦の切ない離別劇の伝承地、鵜戸神宮。日向灘に突き出した岬の洞窟に収まる朱塗りの本殿は、トヨタマビメの産屋があったと伝わる（宮崎県日南市）

垂仁天皇陵　禁断の絆の悲劇で知られる垂仁天皇の御陵は堀周囲景観が美しい。天皇は最愛の妻を失った後、忘れ形見のホムチワケを愛育した（奈良県奈良市）

奈具神社　トヨウケビメといわれる天女が祭られている（京都府京丹後市）

白兎海岸　稲羽（印幡）の白兎がわにを欺いて上陸したという白兎海岸は、建造物がなく白波が打ち付ける自然そのもの姿である（鳥取県鳥取市）

橿原神宮　神武天皇が即位したと伝わる地に橿原神宮を創建したのは明治天皇であった。後方には畝傍山がそびえる（奈良県橿原市）

鹿島神宮　剣の神とも雷の神ともいわれ、武勇に秀でた神としてオオクニヌシに国譲りをさせたと記されるタケミカヅチを祭っている（茨城県鹿嶋市）

天安之河原　天岩屋こもりの際、八百万の神が協議したと伝わっている（宮崎県高千穂町）

出雲大社・本殿遷座奉幣祭　出雲大社で60年ぶりの改修でよみがえった本殿に、ご神体の大国主大神（オオクニヌシノミコト）を迎える本殿遷座奉幣祭が営まれた（島根県出雲市）

出雲大社　高天原を治める天照大御神に対して、オオクニヌシノミコトが国譲りの条件として出したのが、高層の神殿だった。写真は大遷宮前に御仮殿になっていた拝殿（島根県出雲市）

産経NF文庫
ノンフィクション

国民の神話

日本人の源流を訪ねて

産経新聞社

潮書房光人新社

国民の神話——目次

第一章 古事記【上巻】

「戦後教育の忘れ物」ともいわれる
神話の意義を見つめ直す

第二章 古事記【中巻】

初代神武天皇から
十五代応神天皇の足跡をたどる

第五章

出雲からの視点

神話の三分の一は出雲が舞台。
ここから見た古事記は
どんな意味を持つのか

第六章

ヒメたちの物語

古事記に登場する女神やヒメ。
現代人の琴線に触れる
女性の物語を読み解く

第七章 天地を結ぶ地・伊勢

式年遷宮で
新たな生命を宿した伊勢に
日本人の価値観の原点を探る

第八章 技を伝える

古事記には、
ものづくりに関する記述も多い。
技術の原点を考察する

第九章

物語から歴史へ

古事記と日本書紀、
その性格の違いから
神話の記述が異なる意味を考える

国民の神話

日本人の源流を訪ねて

◆第一章

古事記【上巻】

「戦後教育の忘れ物」ともいわれる神話の意義を見つめ直す

イザナキノミコト(右)とイザナミノミコトを描いた掛け軸＝兵庫県淡路市の伊弉諾神宮

海を混ぜ、できた島々

国生み

イザナキノミコトとイザナミノミコトは天上の高天原《たかまがはら》で、神々から「いまだ漂っている国土を整えてつくり固めよ」と命じられる。天の沼矛《あまぬほこ》で「こおろこおろ」と海をかき回すと、矛《ほこ》の先からこぼれ落ちたしずくが積もって「オノゴロ島」ができた。二人の神はここに降りて、天の御柱《みはしら》と神殿を建立した。

イザナミノミコトが「私には成り合わないところが一カ所ある」と言うと、イザナキノミコトは「私には成りあまったところが一カ所ある」と言い、「私の成りあまったところでそなたのところを塞《ふさ》いで国土を生もう」と二人が交わった。

最初にイザナミノミコトが声をかけると、きちんと島ができなかったため、イザナキノミコトから声をかけ、淡路島など八つの島ができたので、日本を「大八島国《おおやしま》」といった。オノゴロ島は、現在の兵庫県淡路島の南にある沼島（表紙カバー写真）とされる。

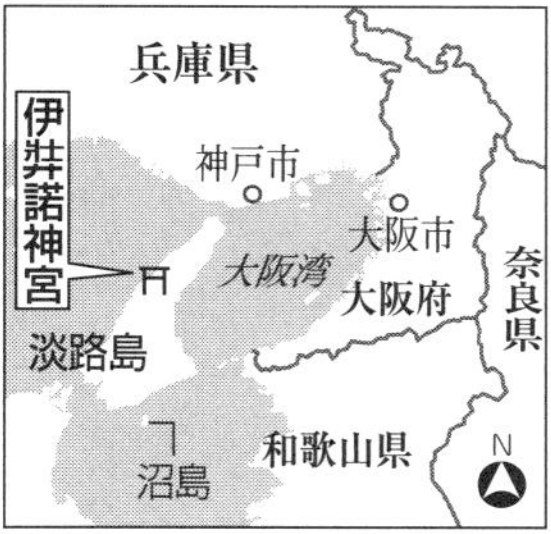

「あなにやし、えをとめを（なんときれいな女性でしょう）」
緊張した面持ちの新郎が高らかに唱えると、新婦が応じる。
「あなにやし、えをとこを（なんと素晴らしい男性でしょう）」
雅《みやび》なやりとりで永遠の愛を誓う結婚式が、淡路島の伊弉諾《いざなぎ》神宮（兵庫県淡路市）で行われ、人気を集めている。平成二十三年の挙式は約四十組、二十四年は六十組以上が見込まれた。

同神社の祭神はイザナキノミコト（男神）とイザナミノミコト（女神）。古事記が日本列島の誕生とする「国生み神話」で、主役となる神々である。冒頭の古語の会話は、二人の神が国生みの際に交わした言葉だ。

「誓いの言葉は、女性の方が堂々としているんですよ」と同神社の本名孝至・宮司は笑う。式では、結ばれた二人に神話に込められた意味も伝える。日本誕生にまつわる物語はそのまま、日本人に生き続ける価値観をも物語っている。

「結婚は新郎新婦だけでなく、互いの両親や親族、先祖までがつながりを持つこと。その向こうに神様がいるんです」

ユーラシア大陸に沿って南北に連なる日本列島。起伏に富む地形と四季の美しさは、国生みという神がかり的な行為から生み出された、と古代人は考えた。

〈国稚《わか》く浮ける脂《あぶら》の如くして、くらげなす漂へる〉

二人の神が、天上から授かった聖なる矛、天の沼矛でかき混ぜる前の地上世界について、古事記はそう記す。天地創造を連想させる表現に、京都大の中西輝政名誉教授は注目する。

「日本列島は、太平洋やユーラシアなど四つのプレートがひしめく極めて特異な環境にある。地底には溶岩がどろどろ流れ、クラゲのようだと古代人は感じたのだろう」

地震国・日本。地震だけでなく火山の噴火も古代から頻発していたことは各種資料でも明らかだ。その一方で温暖多雨。四季の訪れもあって、豊かな恵みに囲まれている。

「山があり、そこに雲がかかって雨になり、谷川に流れて田畑を潤す。そのそれぞれに神がある、と古代の人たちは考えた。その神を畏《おそ》れ、敬い、恵みに感謝する。その営みの中から生まれたのが日本の神話でしょう」

神話が描く国生みの様子は、いかにも雄大で神秘的である。二人の神が天の沼矛で海をかき回すと、矛からしたたり落ちたしずくが島になり、さらに「天の御柱」の周りを互いに逆の方向に回って交わると、日本列島が誕生した。

真っ先に生まれた淡路島を、古事記は「淡路之穂之狭別島《あわじのほのさわけのしま》」と記す。「今も稲穂が豊かに実り、島の人たちは田をとても大切にしている」と本名氏。瑞穂の国を象徴する豊かな土地だからこそ、最初に生まれた島とされたのかもしれない。

続いて生まれたのは伊予之二名島《いよのふたなのしま》（四国）、隠伎之三子島《おきのみつごのしま》（隠岐島）、筑紫島《つくしのしま》（九州）、伊伎島《いきのしま》（壱岐）、津島（対馬）、佐度島《さどのしま》（佐渡）、大倭豊秋津島《おおやまととよあきづしま》（畿内一帯）。畿内以東について語られていないのは、政権の統治外の地域だったためと考えられる。神話は、古代の政治状況を垣間見る史料でもある。

国生みを終えたイザナキノミコトは淡路島で余生を送ったと伝わり、その場所が伊弉諾神宮。「日本の国土が昔から変わりなく存在することこそありがたい」と本名氏は話す。「今の日本人は、どんな国に生まれ、日本はどんな国なのかという『背骨』を失っている」と中西氏は指摘する。「神話は次代を担う子供たちにとっても夢や自信、祖先や国土への思いを育んでくれる教材なんです」。

受け継がれる死生観

黄泉の国

大八島《おおやしま》（日本）や神々を生んだ夫婦神のイザナキノミコトとイザナミノミコト。イザナミが火の神を生んだ際の大やけどがもとで死ぬ。嘆き悲しんだイザナキは、イザナミを追って黄泉《よみ》の国を訪れる。

ともに帰ろうと言うイザナキに、イザナミは「黄泉の国の物を食べたので戻れないが、黄泉の国の神様に頼んでみる。その間、決して自分の姿は見ないでほしい」と告げ、館に入った。イザナキは待ちきれず、館をのぞく。そこにはウジにたかられ、雷神に憑《つ》かれた恐ろしいイザナミの姿があった。

イザナキは逃げ、恥をかかせたと怒ったイザナミは、醜女《しこめ》らに追わせた。ほうほうの体で戻ったイザナキが体についた穢《けが》れを洗い流すと、三人の神が生まれた。後の物語を紡ぐ天照大御神《あまてらすおおみかみ》、ツクヨミノミコト、須佐之男命《すさのおのみこと》だ。

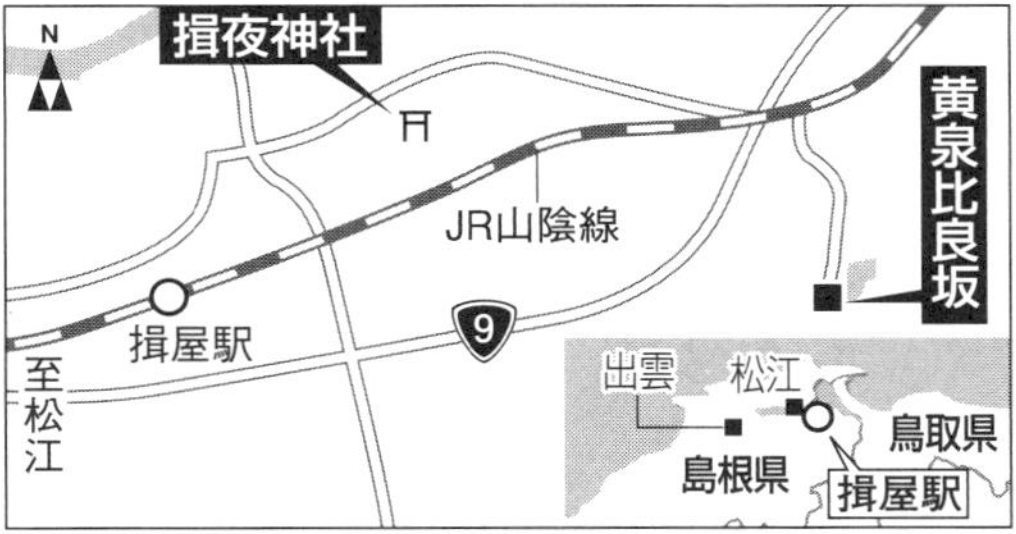

島根県松江市のＪＲ揖屋《いや》駅から徒歩で約四十分。里山の風景を眺めながら農道を上ると、「黄泉比良坂《よもつひらさか》」がある。イザナキノミコトが亡くなった妻、イザナミノミコトを追って現世から黄泉の国に向かう際、通ったとされる生と死をつなぐ境目だ。七一二年編纂《へんさん》の古事記では「今、出雲国の伊賦夜坂《いふやさか》と謂《い》ふ」と記されている。

不実のふるまいに怒ったイザナミの追っ手から逃れるため、イザナキは山ブドウの実やタケノコなどを投げ、剣で払って、この坂に戻り着く。そして、追いついたイザナミを封じ込めるため、千引《ちびき》の岩を据えたという。

この神話は、横穴式石室を持つ古墳での葬送儀礼を連想させる。古事記編纂に先立つ古墳時代後期（六世紀後半～七世紀初め）の古墳では、遺体を埋葬する横穴式石室から食器とみられる土器が出土し、かまどが作られているものも見つかっている。「これらは黄泉の国での食事（黄泉戸喫《よもつへぐひ》）を想起させる」と出雲弥生の森博物館（島根県出雲市）の高橋周・学芸員は言う。「同じ石室に違う人を葬る追葬の際には、以前葬った死体を目撃する可能性があり、ウジがたかるイザナミのイメージにつながったとの見方もある」。

イザナキの逃亡劇を連想させる発掘もある。約十年前、未盗掘の状態で発見された国富《くにどみ》中村古墳（出雲市国富町）だ。石室内の石棺や副葬品の馬具などが破壊されていたが、盗掘によるものではなく、死後しばらくしてから、死者がよみがえったり、たたりを起こさぬよう行われた儀式だと確認された。

壊れた副葬品には投げ割った形跡があった。イザナキの行為と重なる史料といえる。現世に戻った際、イザナキが禊《みそぎ》を行う記述は、古事記編纂期にはすでに、死を不浄のものとして切り離す考えが意識されていたことをうかがわせる。

「古代の人々の生と死を分かつ儀式が、神話の中には刻み込まれている」と高橋氏は言う。黄泉比良坂の近くにはイザナミを祭った古社、揖夜《いや》神社があり、黄泉の国と縁が深い神社として長く、朝廷からの崇敬も篤《あつ》かったという。死や血を忌み嫌い、死者の怨念を恐れたのは、武士が台頭するまで、朝廷の際立った特徴だ。その死生観の原形が、古事記編纂の時代にはすでにできていたことは興味深い。

黄泉の国を海のかなたと考える説もある。荒神谷《こうじんだに》博物館（出雲市斐川町）の錦田充子・学芸員は「海岸線などにつくられた洞窟遺跡が黄泉の国と、この世を結ぶ境とも解釈できる」

と話す。

候補地の一つが島根半島西部の日本海に面した小さな入り江に近い猪目《いのめ》洞窟遺跡。『出雲国風土記』の中に「黄泉の坂、黄泉の穴となづくるなり」として登場する場所と考えられる遺跡だ。船材を用いた木棺による埋葬跡も見つかっている。

千葉県館山市にある大寺山《おおてらやま》洞窟遺跡（五世紀～七世紀後半）では、舟形の棺のへさきがすべて、洞窟の入り口の先に広がる海に向かう形で見つかった。死者が海の向こうへ旅立つ古代人の思想が読み取れる。

「古事記にはイザナミが戻る館の中が暗いとは書かれていますが、黄泉の国が暗いとは書かれていない。黄泉の国が地下の世界とも書かれていません。黄泉の国が洞窟を通過点として、船で向かうはるかかなたと推測することもできます」

この説では、黄泉の国にも光明がともる。極楽浄土を説く仏教を受け入れる素地が、古代人にあったことを示していて、これもまた興味深い。

太陽信仰祈りの原点

天岩屋戸隠れ

天照大御神《あまてらすおおみかみ》が治める高天原《たかまがはら》を訪ねた弟の須佐之男命《すさのおのみこと》は、御殿に汚物をまき散らすなどの悪行を繰り返す。その所業に怒ったアマテラスは天岩屋戸《あまのいわやと》にこもる。

太陽の神が姿を隠したため、辺りは闇に包まれ、あらゆる災いが起こった。困り果てた八百万《やおよろず》の神は天安之河原《あまのやすのかわら》に集まり、方策を話し合う。

思慮深いオモイカネノカミの発案で、アメノウズメノミコトが岩屋戸の前で踊り、神々が笑った。不思議に思ったアマテラスは、岩屋戸を少し開けてみた。

大騒ぎは「あなたより立派な神様がいるから」だと聞かされ、さらに用意された鏡に映った姿を不思議に思って、少しずつ戸から出てのぞき込もうとしたとき、力自慢のタヂカラオノカミが岩戸を引き放った。

世界に光が戻り、スサノオは罰せられて高天原から追われた。

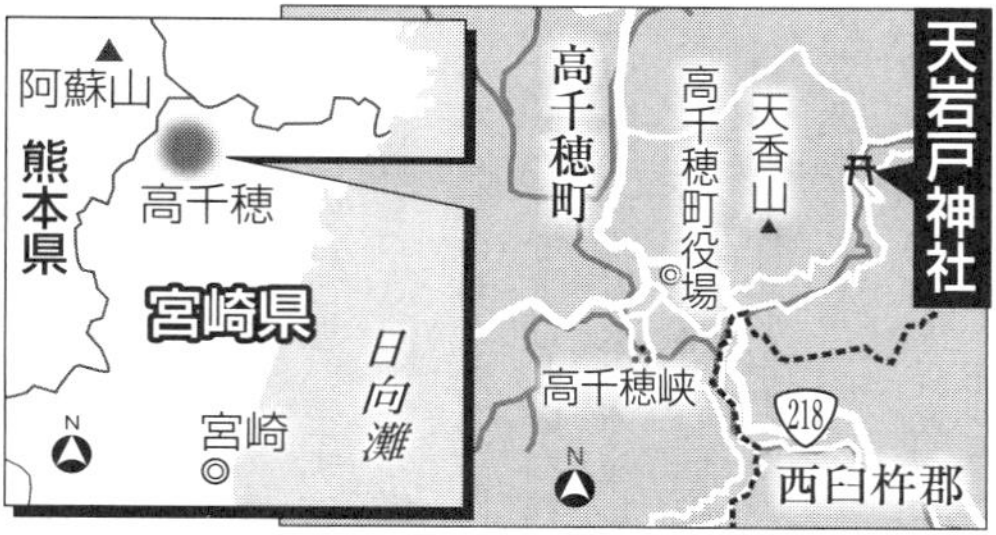

古事記では、天照大御神がこもった天岩屋戸は天上界の高天原にある。しかし、この地がそうだと伝わる場所は京都や徳島、沖縄などに多数存在する。多くが山あいの洞穴。そして、太陽との関係が指摘される場所だ。

アマテラスを祭る伊勢神宮が鎮座する三重県。二見興玉《ふたみおきたま》神社(伊勢市)の岩屋戸もその一つ。岩屋戸は夏至の前後一週間、岩と岩の中央から日が昇る夫婦《めおと》岩と対をなす。日の出を拝む夫婦岩に対して西に位置するので、「アマテラスが隠れた場所」というわけだ。

アマテラスが岩屋戸に隠れたため、ありとあらゆる災いが起きたが、八百万の神はなす術《すべ》がなかったという古事記の筋書きは、太陽はかけがえのない唯一のものと強烈に印象づける。

さらに闇が高天原だけでなく人々が暮らす葦原中国《あしはらのなかつくに》にも及んだという記述は、アマテラスが天上界と地上界を貫く存在と強調する。後にアマテラスの孫、ニニギノミコトの降臨を描く伏線と考えられ、皇祖神アマテラスの絶対視には、皇統の正統性を強調する狙いも見える。

天孫降臨の地として知られる宮崎県高千穂町。この地も岩屋戸の伝承地で、その名も天岩戸神社があるほか、天安之河原といわれる仰慕窟《ぎょうぼがいわや》もある。

「大昔、阿蘇山の噴火で太陽が隠れたことが、稲作を始めた頃の人々によって天岩屋戸神話になったのだと思います」

そう話すのは同神社の佐藤延生・宮司だ。神社の西本宮から渓谷を挟んだ山肌には岩屋戸とされる裂け目がある。町内の高千穂峡一帯は約九万年前、阿蘇山噴火で発生した溶岩流が浸食されてできたといわれる。

「火山灰が北海道まで達したと伝わる噴火もある。タヂカラオノカミが投げた岩戸が遠く、長野県の戸隠に落ちた伝説もあるが、それはこの故事から生まれたのかもしれません」

日本で稲作が始まったのは弥生時代だ。稲は九州の北部に渡来し、東進した。九州は稲作の先進地である。

「豊作を願う気持ちが太古の噴火の記憶と重なり、太陽をあがめ、消えるのを恐れる思いを生み、神話が生まれたのではないか」。佐藤氏の推論である。

〈うけ伏せて蹈《ふ》みとどろこし、神懸かりして〉

岩屋戸にこもるアマテラスの関心を引くため、アメノウズメノミコトが踊った様子を古事記はそう記す。桶を伏せて踏み鳴らし、神が乗り移ったような状態になり、という意味である。記述はその後、アメノウズメが乳房を露出して下衣まで取り、八百万の神の哄笑《こうしょう》を誘ったと続く。日本人の陽性の国民性を暗示するような内容だ。

「神懸かりの際には、何か音を打ち鳴らしたとも考えられる」と、荒神谷《こうじんだに》博物館（島根県出雲市）の錦田充子・学芸員は話す。

同館は弥生・古墳時代のものとみられる、楽器を演奏している埴輪《はにわ》などから考古学的に古事記に描かれた神懸かりを考察している。

「古代の人々にとって音は特別なもので、楽器は日々の生活では必要ない。祭祀《さいし》で使うためにわざわざつくったのでしょう」

アメノウズメの踊りは神楽の起源といわれる。高千穂町に伝わる夜神楽は文治五（一一八九）年の年記を持つ文献には「ごじんらく」と記されている。現在の形は近世後期の神道色も強いが、収穫への感謝と豊作を祈願する祭祀的な要素も多い。天岩屋戸神話は日本人の祈りの原点を色濃く伝えるものなのである。

神器と和歌生んだ英雄

ヤマタノオロチ退治

悪行のために高天原《たかまがはら》を追放された須佐之男命《すさのおのみこと》が出雲に降り立つと、年老いた夫婦と美しい娘がむせび泣いていた。理由を聞くと、夫婦には八人の娘がいたが、毎年、ヤマタノオロチがやってきて一人ずつ食べ、今年はクシナダヒメが犠牲になるという。

スサノオは、ヒメを妻とすることを条件に、ヤマタノオロチ退治を約束した。八つの桶にきつい酒を満たして待つと、現れたヤマタノオロチは桶の一つひとつに首を突っ込み飲み干した。酔いつぶれて動けなくなったところを、スサノオは剣で切り裂いて殺した。

スサノオはヒメを妻に迎え、出雲の須賀で和歌を詠んで宮を構え、睦まじく暮らした。その地とされる場所には須我《すが》神社（島根県雲南市）が建ち、ヤマタノオロチが酒に酔って枕にして寝たという草枕山（同市）も伝説スポットとして残っている。

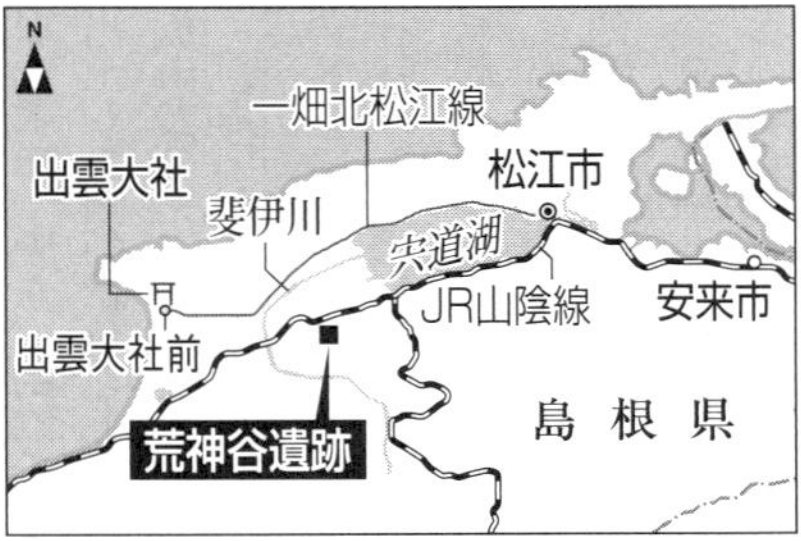

日本神話で最も有名なヒーロー伝説は、須佐之男命によるヤマタノオロチ退治である。八つの頭と尾を持ち、目は赤く、体が血でただれた大蛇を、知恵と勇気で撃退した。

乱暴狼藉《ろうぜき》で高天原を追放されたスサノオが降り立つのは島根県出雲地方の斐伊《ひい》川上流である。この地がなぜ選ばれたのか。スサノオが、生け贄《にえ》の運命にあったクシナダヒメをヤマタノオロチから救い、英雄となる筋書きも、人が変わったようで不思議だ。

古事記では、スサノオがヤマタノオロチの尾を切り裂くと、一本の大刀が現れる。スサノオはこの大刀を姉の天照大御神《あまてらすおおみかみ》に献上する。大刀は、皇室に伝わる三種の神器の一つ「草薙《くさなぎ》の剣」とされる。この大刀伝説に、ヤマタノオロチ神話が古事記に記された理由がみえる。

「神話だけの世界といわれてきた出雲の重要性が証明された」

島根県文化財課の松本岩雄専門官がそう話す発見があったのは昭和五十九年のことだ。斐伊川にほど近い荒神谷《こうじんだに》遺跡（島根県出雲市）から、約二千年前（弥生時代）の銅剣三百五十八本が出土した。それまで全国で出土した銅剣総数を上回る数だった。翌年にはすぐ隣で、銅鐸《どうたく》六個と銅矛《どうほこ》十六本が出土。古代出雲の先進性が証明された。

斐伊川は、中国山地を源流とする総延長一五三キロ、出雲平野最大の河川だ。上流は砂鉄の産地で、古墳時代以降に製鉄が盛んになると、土壌の鉄分が流れ出し、川面を赤く染めたといわれる。大雨の度に赤い濁流となる暴れ川は、真っ赤な巨体をくねらせたヤマタノオロチのモデルともされる。

「出雲は弥生時代には、日本海を通して大陸や朝鮮半島の文化がストレートに伝わり、先進文化が花開いた地だった」と松本氏は話す。

「草薙の剣と荒神谷遺跡の銅剣が関わりがあるかどうかはわからないが、神話の背景には出雲の豊かな弥生文化があったことは間違いない」

古事記ではスサノオは、ヤマタノオロチとの命がけの戦いで手に入れた草薙の剣を迷わず、高天原を治めるアマテラスに献上する。この記述こそが、スサノオの子孫であるオオクニヌシノミコトの「国譲り神話」につながる、と京都大の中西輝政名誉教授は指摘する。

オオクニヌシはスサノオの六代後の子孫である。古事記はスサノオの後、オオクニヌシの記述が中心になる。国造りに懸命に励む姿を描き、その後にアマテラスの子孫に国譲りする事情に紙幅を割く。

「スサノオによる草薙の剣の献上によって、高天原と出雲は結びついた。この縁があったからこそ国譲りは円満に行われた」と中西氏は言う。

ヤマタノオロチを退治したスサノオが、文に優れた男神として描かれている点も見落とせない。

〈八雲立つ　出雲八重垣　妻籠《ご》みに　八重垣作る　その八重垣を〉

（妻を守るために宮に幾つもの垣を造ったが、その八重の垣をめぐらせたように、出雲には幾重にも雲が湧いていて美しい）

スサノオは妻に迎えたクシナダヒメのため、日本最初の和歌を詠んだ人と古事記に描かれている。和歌は朝廷で伝承され、今も皇居で歌会始の儀が行われる。

「日本人は感動したり悲しんだり、心が動くときは必ず歌を詠みたくなる。歌会始の儀は、日本人の美しい心を守る大切なお勤めなんです」と中西氏。その源流が、心を入れ替えたスサノオというのが趣深い。

最古のラブストーリー

稲羽の白兎

須佐之男命《すさのおのみこと》の子孫、オオクニヌシノミコトは、稲羽（因幡）のヤカミヒメに求婚する兄の八十神《やそがみ》たちの従者にされ、遅れて着いた気多岬で、泣いている白兎《うさぎ》に会う。白兎はわに（鮫）をだまして上陸したが、嘘がばれて毛皮をむかれ丸裸にされたと話す。八十神に「潮水を浴びて体を乾かせば治る」と言われてその通りにすると、皮膚がひび割れ、激痛に襲われていると訴える。

「真水で体を洗い、蒲《がま》の花粉をまいた上で寝ていれば、傷は治る」

オオクニヌシの助言通りにすると、傷は癒えた。白兎は礼としてオオクニヌシに予言する。「今は兄たちから低くみられても、ヒメはあなたを選ぶでしょう」。ヒメと結ばれたオオクニヌシは、八十神たちの嫉妬を買い、何度も落命するが、その度に母神の助けで蘇生し、スサノオが与える試練にも耐えて、国造りに着手する。

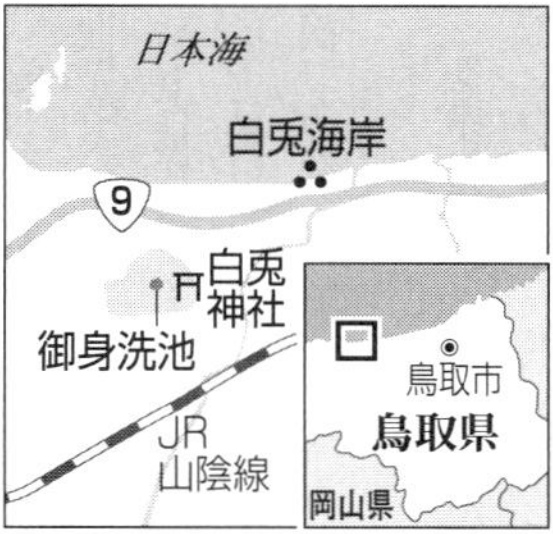

大型トラックやバスがひっきりなしに通る国道九号をはさんで、神話の舞台は対照的な姿をしていた。

稲羽（因幡）の白兎が、わにを欺いて上陸したという白兎《はくと》海岸は、建造物がなく白波が打ち付ける自然そのものの姿だった。ほど近い白兎神社は、参道に白兎像がいくつも並び、オオクニヌシノミコトとヤカミヒメが睦《むつ》む砂像までつくられていた。絵馬はハート形で、おみくじは恋みくじ。今は、縁結びの神社として人気を集めているのだ。

〈日本最古のラブストーリー。縁を結んだ白兎〉、神社の縁起を記す読み物にはそうある。

オオクニヌシはヒメに求婚するためにこの地を訪れた。ただし、ライバルが多かった。八十神といわれる兄のすべてがそうだった。兄たちに遅れてやって来たオオクニヌシは大きな袋を背負っている。兄たちの従者として、ようやく稲羽に来た姿を古事記は強調している。

「末弟が悪条件を克服して英雄になる神話の型は世界各地にある」。そう話すのは鳥取大の門田眞知子教授である。

「兎も古くから、神や自然界の秩序を破って新たな世界を創造するトリックスターとして、世界中の民話で登場する。東南アジアには、陸上の動物が水中の動物をだまして水を渡る説話も存在します」

千三百年前の古事記の筆者は、こうした世界の流行を知っていたのではないか、という指摘である。

世界の神話・説話で兎が好んで使われるのは、多産で豊穣《ほうじょう》のシンボルというイメージがあるためだ。その上、すばしっこくて賢い動物である。

その兎を八十神はだまして傷を悪化させる。同情して治療法を教える知者・仁者として、古事記はオオクニヌシを描く。今も医薬の神として祭られているのは、この故事による。

治療法を教える姿も実は、出雲の先進性を訴えるものだ。門田氏の研究チームが書いた『伯耆のもう一つの白兎神話』によると、七三三年に記された『出雲国風土記』には六十一種に上る薬草名が記されている。その十八年前に完成した『播磨国風土記』に記された薬草は七種、七二一年完成の『常陸国風土記』にはわずか二種しか出ていないのに、である。

「進んだ文化、知識を出雲から稲羽に持ち込んだ神としてオオクニヌシは描かれている。それも海を渡って来たのではないか。白兎がわにをだまして海を渡るストーリーは、それを暗示しているのでしょう」

〈八十神はかならず八上比売《やかみひめ》を得じ。袋を背負ひたまへども、汝命《いましみこと》獲たまはむ〉

白兎はそう予言し、ヤカミヒメは予言に沿った言葉を、求婚に訪れた八十神に言う。

〈吾《あれ》は汝等《いましたち》の言《こと》を聞かじ。大穴牟遅神《おおあなむぢのかみ》に嫁《あ》はむ〉

オオアナムヂノカミとはオオクニヌシのことだ。古事記ではオオクニヌシは、四つの別名でも登場する。

「古代の信仰では、その土地の女神と結婚することはそこを領有することだった」と、琉球大の小島瓔禮《よしゆき》名誉教授は説く。古代の稲羽はヒスイを産した。ヒスイは古代の装飾品、勾玉《まがたま》の原料である。

オオクニヌシはその後、須佐之男命の娘、スセリビメをはじめ、越（北陸）のヌナカワヒメ、宗像《むなかた》神社（福岡県宗像市）のタキリビメらと次々に結婚する。

古事記が国造りとする記述は、国盗りの歴史をも描いている。オオクニヌシが四つの別名を持つのは、国造りを一人の神の功績とし、天照大御神《あまてらすおおみかみ》の子孫への国譲りに物語をつなげる作意とする説もあるが、うなずける気がする。

許し合い、尊重する心

国譲り

オオクニヌシノミコトは葦原中国《あしはらのなかつくに》と呼ばれた地上界を開拓した。天上界の高天原《たかまがはら》にいる天照大御神《あまてらすおおみかみ》は、弟の須佐之男命《すさのおのみこと》の子孫であるオオクニヌシではなく、自分の子孫が地上界も支配すべきだと考え、国譲りを迫って神を二度派遣したが、拒まれて失敗。武神のタケミカヅチノカミを派遣する。

タケミカヅチは稲佐の浜（島根県出雲市）に降り立ち、波の上に突き刺した剣の上にあぐらをかいて威《い》嚇《かく》した。オオクニヌシの子、コトシロヌシノカミは国譲りに応じたが、もう一人の子、タケミナカタノカミは反対。しかし、タケミカヅチとの力比べで投げ飛ばされて敗れ、国譲りが行われた。

オオクニヌシは国を譲る代わりに、天空にそびえるほどの神殿を建てることを求める。オオクニヌシを祭る出雲大社の起源とされる記述だ。

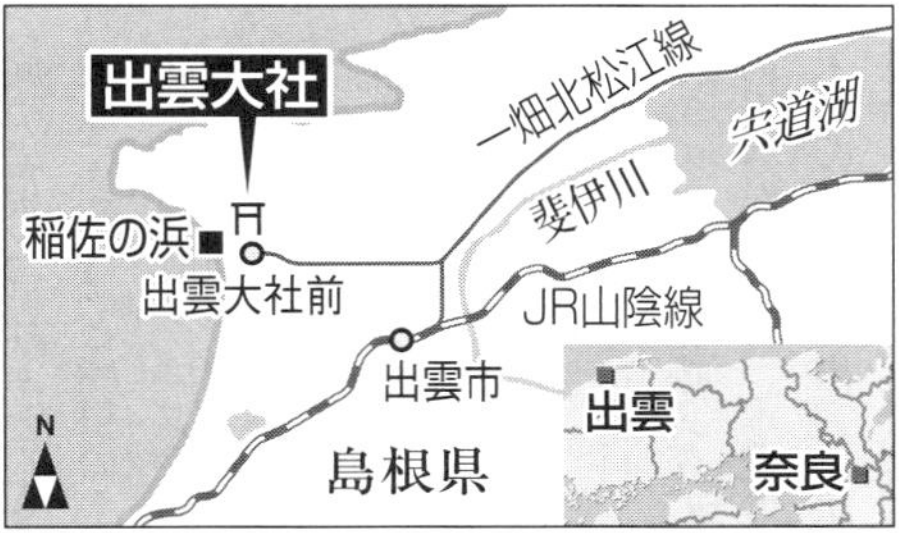

オオクニヌシノミコトを祭る出雲大社（島根県出雲市）は平成二十五年五月十日、本殿（国宝）改修に伴い、六十年ぶりに「大遷宮《だいせんぐう》」が営まれる。大屋根の葺《ふ》き替えはすでに行われ、黒く塗り直された屋根飾りの千木《ちぎ》が、天に向かって突き出すようにそびえている。

〈国譲り　祀《まつ》られましし　大神の　奇《く》しき御業《みわざ》を　偲びて止まず〉

平成十五年、出雲大社を参拝された皇后さまが、「出雲大社に詣でて」と題してお詠みになった歌だ。オオクニヌシが国を譲り、自らは出雲に祭られた神話に思いをはせられている。

今は縁結びの神として親しまれる出雲大社は「国譲り」の舞台でもある。オオクニヌシは出雲で国土開拓に励んだが、高天原の天照大御神が「国を治めるべき主が違う」と国の明け渡しを迫ると「仰せのままに献上しましょう」と応じた。条件として壮大な宮殿を望んだ。建てられたのが出雲大社の本殿とされる。

〈底つ岩根に宮柱ふとしり、高天原に氷木《ひぎ》たかしりて〉（地底の磐《いわ》の上に宮柱を太く立て、高天原に届くほど屋根の千木が高くそびえて）

古事記はオオクニヌシの求めをそう記す。時代が下って、平安時代の貴族の教養書ともいうべき『口遊《くちずさみ》』には、こんな記述がある。

〈雲太《うんた》・和二《わに》・京三《きょうさん》〉

当時の高層建築ベスト3を紹介した言葉で、雲太は「出雲太郎」と呼ばれた出雲大社、和二は奈良の東大寺大仏殿、京三は京都御所の大極殿である。当時の出雲大社は、現在の二倍に相当する四八メートルで、東大寺大仏殿の四五メートルをしのいだという。

この日本一については、建築専門家らから長い間、疑問の声が出ていた。しかし、平成十二年の境内の発掘調査で本殿南側から、直径一メートルの杉柱三本を束ねた巨大柱が出土。その太さなどから、本殿の高さが四八メートルと推定された。

「本殿の壮大さは出雲で語り継がれてきたが、専門家にはなかなか信じてもらえなかった。でも、語り継ぎの中に真実があった」

出雲大社の千家《せんげ》隆比古《ながひこ》・権宮司《ごんぐうじ》はそう話す。出雲大社は七世紀中頃の創建と伝わり、現在の本殿は一七四四年、江戸時代の建造だ。古事記編纂《へんさん》一三〇〇年と大遷宮。平成二十四年から二十五年にかけて、出雲大社は歴史的な節目を迎える。

「おまつりに向け、誤りなきように務めたい」。オオクニヌシゆかりの人々に共通する思いである。

高天原勢力（大和王権）が最後は武力で、オオクニヌシの出雲勢力を屈服させたとも読める「国譲り」。しかし「一方的な征服ではなく、穏やかに国は譲られた」と京都大の中西輝政名誉教授は話す。

「狭い島国の日本では、徹底的に対立すると逃げ場がなくなり、絶滅するまで戦わなければならない。共存するために互いに許し合う。それが日本民族の練り上げた知恵。白黒つけるのは不合理なんです」

例えばその知恵は、大政奉還や戊辰《ぼしん》戦争の後も徳川家が存続した明治維新などにみえると指摘する。「国譲りがうまくいったからこそ、近代日本の発展もあったと私は思う」。

出雲大社では改修時、本殿の天井絵「八雲之図《やくものず》」や作業現場を公開した。神聖な場だけにTシャツやジーンズ姿は遠慮するよう呼びかけたところ、若い人ほど素直に従ったという。「相手を尊重し、譲り合う心。それこそが、神話を語り継ぐ中で育まれた日本人の心ではないか」と千家氏は言う。

稲作伝来と文化の波及

天孫降臨

天照大御神《あまてらすおおみかみ》らに地上界の葦原中国《あしはらのなかつくに》の統治を命じられたアマテラスの孫、ニニギノミコトは、天岩屋戸《あまのいわやと》で活躍した神々を連れ、三種の神器とともに天上の高天原《たかまがはら》から地上へ向かう。天空にたなびく雲を押し分け、天の浮橋から浮島に立ち、「筑紫の日向の高千穂峰」に降り立った。

ニニギは山の神であるオオヤマツミノカミの娘の美女、コノハナノサクヤビメと結婚。しかし、同時に勧められた姉のイワナガヒメは送り返した。その容貌を恐れたためだが、イワナガヒメは石のような永遠の象徴だったため、ニニギとその子孫には寿命ができた。

寿命ある花の象徴であるコノハナノサクヤビメは、ニニギとの一夜の契りで身ごもったが、ニニギに自分の子かと疑われたため、疑念を晴らそうとして産屋に火を放った。そして、炎の中でウミサチビコとヤマサチビコらを出産する。

ニニギノミコトは天皇家の系譜につながる「日向三代」の最初の神。高天原の神々を引き連れて降臨した「高千穂峰」の伝承地は、南北一〇〇キロ隔てて二カ所ある。

北は宮崎県高千穂町。天岩屋戸《あまのいわやと》伝説が残る神話の里だ。南は宮崎県と鹿児島県にまたがる霧島連山の高千穂峰。峰の頂上には今、大きな剣のモニュメント「天《あま》の逆鉾《さかほこ》」が立っている。

天孫降臨の聖地はどちらか。この高千穂論争は江戸時代からあり、神武天皇即位二六〇〇年にあたる昭和十五年頃には過熱した。

「霧島の麓の宮崎県都城市では、憲兵の間で論争になり、殺傷事件にまでなったそうです」

当時の熱気を、日向神話に詳しい鹿児島民俗学会の鶴ケ野勉氏はそう話す。しかし、現在は論争はほとんどないという。

「南北の高千穂は観光向けの『神話街道』で結ばれ、それぞれにストーリー性に富んだロマンを楽しめるようになった。特定の場所を求めるべきではなく、どちらも正しいのです」

鶴ケ野氏の指摘は、稲作先進地の日向が降臨地とされていることが重要、というものだ。

「南九州の弥生人は、海にも山にも、そして川にも神がいるという信仰とともに、農耕生活をしていた」

宮崎県埋蔵文化財センターの北郷泰道《ほんごうひろみち》所長はそう話す。天孫降臨を描く古事記には、そんな農耕生活を連想させる記述が多い。

〈天邇岐志国邇岐志天津日高日子番能邇邇芸命《あめにきしくににきしあまつひこひこほのににぎのみこと》〉

古事記が記すニニギの正式名称もそうで、天地がにぎわい、稲穂が豊かに実る様子を写実的に表現したものだ。「高千穂」は、収穫祭の祭場に高々と積み上げた稲穂を意味する地名である。

北部九州が最初の伝来地とされる稲だが、南九州にも初期稲作の遺構が集中することが、近年の発掘調査の蓄積で浮かび上がってきた。

「初期稲作の遺構は内陸部で顕著。水田跡はほとんどなく、宮崎県えびの市の遺跡で見つかった稲の分析から、畑作系の陸稲が主だったと考えられます」

荒神谷《こうじんだに》遺跡（島根県出雲市）など出雲では、多数の銅鐸《どうたく》や銅剣が出土したことはヤマタノオロチ神話の項で紹介したが、日向では、九州北部や近畿でも豊富な弥生時代の青銅器の出土例が皆無に近い。この事実から推論できるのは、高天原勢力が出雲のオオクニヌシノミコトに迫った国譲りが、生産効率が悪い陸稲への不満から行われたのではないかということだ。

古事記で描かれるニニギは相当に人間くさい。イワナガヒメを容姿で選ばず、子孫の天皇に寿命を生じさせたり、コノハナノサクヤビメの胎児を自分の子ではないと疑って、妻を困らせたりもする。

実は、そんなストーリーの中に神話のルーツが隠されている、と北郷氏は指摘する。インドネシアなど東南アジアには、不変の象徴の石でなくバナナを選んだことで短命になる説話がある。バナナ型神話と呼ばれるものである。

コノハナノサクヤビメが炎の中で出産する「火中出産」は、奄美大島などの習俗に由来するという。出産に際して、火をたいて部屋を熱くするもので、神聖な火の力によって穢《けが》れを浄化する習慣から誕生したといわれる習俗だ。

「南西諸島が、中国南部や東南アジアからの文化を南九州に伝える重要な懸け橋であったことを記憶しておきたい」と北郷氏。

天孫降臨神話は、もう一つの稲作の伝来ルートと文化の波及を示唆しているようだ。

海を支配し、国治まる

ウミサチビコとヤマサチビコ

高千穂峰に降臨したニニギノミコトの子で、兄のウミサチビコは海の幸、弟のヤマサチビコは山の幸を取って暮らした。ヤマサチビコの提案でその分担を交代すると、ヤマサチビコは海の幸を取れないばかりか、兄の釣り針をなくして、兄に責められた。

ヤマサチビコが海岸で泣いていると、シオツチノカミ（潮の神）が現れ、ワタツミノカミ（海神）の宮へ導かれる。そこでワタツミの娘トヨタマビメを娶《めと》り、三年を過ごす。その間にトヨタマビメの協力で釣り針を取り戻し、魔法の玉で海の干満を操ることもできるようになって、兄をおぼれさせて服従させる。

一方、身ごもったトヨタマビメは鵜の羽根で葺《ふ》いた産屋にこもる。しかし、約束を破って産屋をのぞいたヤマサチビコに本来のわに（鮫）の姿を知られ、生まれたウカヤフキアエズノミコトを残して海に去る。

〈妾《やつこ》、今本《もと》の身を以ち産まむとす。願はくば妾もな見たまひそ〉（異国の私は本来の姿になって出産するので、見ないでください）

　そう言われても、好奇心にかられて見てしまう。ヤマサチビコの物語は、醜女を嫌って寿命ができた父、ニニギノミコトの物語と同様に人間くさい。トヨタマビメが残した子供はウカヤフキアエズノミコト。産屋に葺こうとした鵜の羽根を葺き終わらないうちに生まれた男の子という意味で、ヤマサチビコが好奇心に負けた姿を強調するものになっている。

　夫婦の切ない離別劇の伝承地は、日向灘に突き出した岬を神域とする鵜戸《うど》神宮（宮崎県日南市）。千二百万年にわたる堆積《たいせき》と波による浸食で、洗濯板のような造形美が広がる「鵜戸千畳敷《せんじょうじき》奇岩」は、大海原を思わせる神話のイメージにぴったりだ。三百坪あるという洞窟に収まる朱塗りの本殿は、産屋があった場所だという。

「初代神武天皇の御代に直接つながる神話は、神代と人の代を結ぶ大事な役割を負っている」と、同神宮の本部雅裕・宮司は話す。

浦島太郎の竜宮伝説の元になったともいわれる神話は、古事記上巻《かみつまき》の最後を飾る物語だ。ワタツミの宮でヤマサチビコとトヨタマビメが出会う場面は詩的に描かれている。

―魚のウロコで飾ったような海の宮殿で、トヨタマビメの侍女《じじょ》が器で水を汲《く》もうとすると、泉の水に光が差した。振り仰ぐと、桂の木に美しい男子（ヤマサチビコ）がいた。求められて器の水を献上すると、男子は首にかけていた玉を口に含んで吹き入れた。すると玉は器から離れない。その様子を聞いて不思議に思い、ヒメはひと目惚《ぼ》れする―

「現代人がじゃまものとしか思わないウロコに美の極致を見いだしている。太陽の反射でできる光彩を楽しむ古代海人の生活をほうふつとさせる」

そう語るのは、古代隼人族の研究で知られる鹿児島国際大の元教授、中村明蔵氏である。ヤマサチビコが招かれたワタツミの国についてはこう推論する。

「妊婦が鵜の羽根を持っていると安産できる俗信や、妊婦がいるときは屋根を葺かない風習がある沖縄や奄美大島ではないか」

天皇の祖であるヤマサチビコは、ワタツミから呪力のある「潮満玉《しおみつたま》」と「潮干玉《しおふるたま》」をもらい、隼人族の祖であるウミサチビコを降参させる。

〈僕《やつかれ》は今より以後、汝命《いましみこと》の昼夜の守護人と為《し》て仕へ奉らむ〉

そう誓ったウミサチビコの子孫らは今も、海水におぼれたときの様子を演じて宮廷に仕えている。古事記はそう記する。

これは七世紀末から八世紀初めにかけ、大和政権が隼人族を制圧した史実を反映しているといわれる。

「友好国の百済が六六〇年に滅び、北九州から朝鮮半島を経由して中国大陸に至る海洋ルートが使えなくなった。代わって鹿児島から南西諸島を通るルートが必要になり、隼人から制海権を奪う必要性が生じた」

当時の時代背景を宮崎県埋蔵文化財センターの北郷泰道所長はそう語る。

渚の産屋で生まれたウカヤフキアエズはトヨタマビメの妹と結婚。四子をもうけ、末っ子が神武天皇となる。初代天皇は、母も祖母もワタツミの娘なのだ。

「神話は、海を支配することで国が治まる真実を伝えている」と北郷氏。国の始まりから日本は、海洋国家なのである。

◆第二章

古事記【中巻】

初代神武天皇から
十五代応神天皇の足跡をたどる

東を目指して進む神武天皇＝「尋常小学日本歴史 児童用巻一」（大阪教育大付属図書館所蔵）

苦難の「東征」経て即位

神武天皇【上】

天照大御神《あまてらすおおみかみ》の命で高千穂峰（宮崎県）に降臨した孫のニニギノミコト。その三代後のイワレビコノミコト（後の神武天皇）は、兄のイツセノミコトとともに、大和（奈良県）を目指す。

宇佐（大分県）を経て岡田宮（福岡県）で一年、多祁理宮《たけりのみや》（広島県）で七年、高島宮（岡山県）で八年を過ごした後、畿内に入り、白肩津《しらかたのつ》（大阪府東大阪市付近）でナガスネビコの激しい抵抗に遭う。イツセは矢に当たって負傷。「日の神の御子が太陽の昇る東に向かって戦ったのがいけなかった。迂回《うかい》して日を背にしよう」と提案した後、紀伊半島を南下中に死ぬ。

熊野（和歌山県）では熊の姿をした神が現れてイワレビコや全兵士は意識を失う。地元の高倉下《たかくらじ》が天照大御神のお告げで大刀を献上すると意識が戻り、三本足の八咫烏《やたがらす》の先導で進む。宇陀《うだ》（奈良県宇陀市）ではエウカシの抵抗を受けたが、排除して大和入りする。

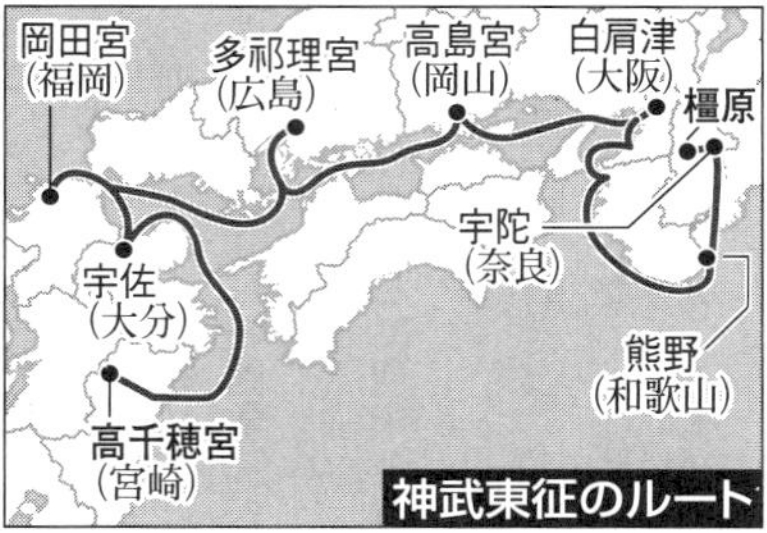

神武東征のルート

〈紀元二千六百七十二年〉、神武天皇を祭る橿原神宮（奈良県橿原市）の南神門《みなみしんもん》には、イワレビコノミコトが初代天皇として即位してからの時を示す札が掲げられている。

平成二十三年には、神武天皇崩御から二千六百年を数える。命日に当たる四月三日には同神宮で「神武天皇二千六百年祭」が計画され、また隣接する神武天皇陵でも、宮内庁によって「二千六百年式年祭」が営まれる。

神武天皇が即位したとされる年は、西暦で表記すれば紀元前六六〇年になる。縄文時代の末だ。古事記はこの時代から、天皇が統治する日本を描く。

〈何《いづ》れの地《ところ》に坐《いま》さば、平らけく天《あめ》の下の政《まつりごと》を聞こしめさむ。なほ東に行かむと思ふ〉（どこなら安らかに天下の統治を行えるだろうか。東に都の地を求めようと思う）

イワレビコは、日向の高千穂宮で兄のイッセと相談し、大和へ向かった。「神武東征」の始まりである。九州から瀬戸内沿岸を経て大阪へ。そこでイッセが戦死する。熊野でも苦難の連続だった。

「神武天皇は百戦不敗の英雄ではなかった。それでも天下を平定できたのは天照大御神からの血筋と、天上の神の加護を受けて国の礎を築くのにふさわしかったからだろう」と、話すのは神道に詳しい国学院大の高森明勅《あきのり》講師だ。

寺川眞知夫・同志社女子大特任教授も「東遷（東征）説話は、熊野の急峻《きゅうしゅん》な山中を経て大和入りしたことに意味がある。初代天皇となるために、天命を受けて苦難を乗り越えたことが重要」と話す。

神武東征といえば、「征服」のイメージが強いが、古事記では、畿内に入るまでは戦闘の記述が目立たない。「神武天皇はただ力でねじ伏せたのではなく、服属の申し出も数多く受けた。国内平定を平和的に進めた面も見落とせない」。高森氏はそう指摘する。

なぜ、命がけの東征が必要だったのか。オオクニヌシノミコトから「国譲り」を受けた高天原《たかまがはら》の神が天孫降臨の際、直接大和に降りていれば、イツセが死ぬこともなかった。

高森氏は「ニニギが降臨した時点ではまだ、国土を治めるだけの力が備わっていなかった」と言う。天孫降臨後、ニニギは山の神の娘であるコノハナノサクヤビメと、その子のヤマサチビコは海の神の娘、トヨタマビメと結婚。天照大御神の子孫は、山と海を支配する力を得た。

「最後に残るのが、豊かな稲の実りをもたらす国土（平野）を治める力。ニニギのひ孫、イワレビコはその力を得るために東征した」

山は狩猟や林業、海は漁業という縄文時代の自然の恵みを象徴する。東征によって得る国土を、稲作中心の弥生時代以降の世界を反映すると考えれば、東征の意味合いに理解が深まる。

イツセの登場と死にも意味がある。高森氏は、東征が神の意志ではなく兄のイツセと相談して開始した点に着目し、「神の手助けを得ながらも人間として決断したことを強調する内容」と読む。

古事記は特に、イワレビコの記述に紙幅を割く。上巻《かみつまき》をその誕生で終わらせ、中巻《なかつまき》はイワレビコの東征から始める。一人の記述を二巻にまたがせる編集は、イワレビコの重要性を強調する効果を生んでいる。

「上巻で描くのは神話の世界だが、中巻は歴史。神武天皇は、神話と歴史の懸け橋として登場する」

イザナキノミコト、イザナミノミコトの交わりによって誕生した日本は、天上の神々の意志を受けた「人間・神武天皇」の統治で、新たな国造りが始まる。

近代日本の精神的支柱

神武天皇【下】

荒ぶる神々を帰順させ、服従しない者は撃退して悲願の大和入りを果たしたイワレビコノミコトは、畝火《うねび》（畝傍山）の麓の白檮原宮《かしはらのみや》（奈良県橿原市）で即位し、神武天皇として天下を治めた。皇后としてオオモノヌシノミコトの娘、イスケヨリヒメを迎え、三人の息子に恵まれた。亡くなったのは百三十七歳。畝傍山の北に御陵が築かれた。

神武天皇には日向時代の妻との間に生まれたタギシミミノミコトがいて、タギシミミは天皇の座を狙って異母弟三人の殺害を計画した。イスケヨリヒメが歌でその陰謀を知らせたため、三人の一人、カムヤヰミミノミコトがタギシミミを殺そうとしたが、手足が震えてかなわず、弟のカムヌナカハミミノミコトが成し遂げた。兄は「自分は敵を殺すことができなかった」と皇位を譲り、カムヌナカハミミが、第二代・綏靖《すいぜい》天皇として即位した。

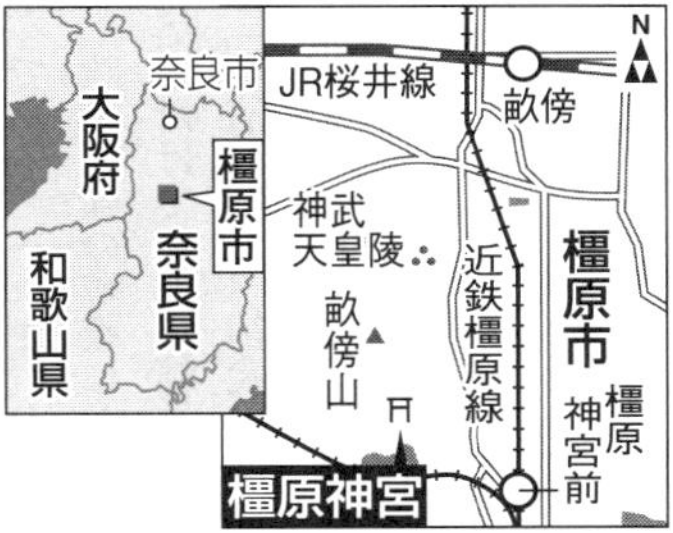

〈橿原の　とほつみおやの　宮柱《みやばしら》たてそめしより　国はうごかず〉（橿原に宮が建てられたときから国の根本は揺らいでいない）

　神武天皇が即位したと伝わる地に橿原神宮（奈良県橿原市）を創建したのは明治天皇である。近代日本の礎を築こうとした強固な意志が、この御製《ぎょせい》（和歌）には込められている。「神武天皇を最も身近に感じ、畏敬の念をもっておられたのは明治天皇だったのでは」と、神道に詳しい国学院大の高森明勅《あきのり》講師は話す。明治天皇は、建国の地として顕彰する証しがなかったことに心を痛め、神宮創建を決断した。

　当時、創建地の畝傍山の麓は、カシ林と田畑が広がるごく普通の集落だったという。本殿や拝殿は、歴代天皇の宮殿だった京都御所の賢所《かしこどころ》と神嘉殿《しんかでん》という極めて重要な建物を移築した。「このことでも明治天皇の思いがしのばれます」。

「神倭伊波礼毘古命《かむやまといわれびこのみこと》」と古事記が記す神武天皇。文字通り、神に守られた倭の国（日本）のシンボルといえる表記であり、存在である。それが、およそ百年前に崩御した明治天皇が敬愛した大きな理由だろう。

欧米列強の脅威にさらされ、強靱《きょうじん》な国造りを迫られた激動の時代が明治である。国防や経済力だけでなく、精神的な支柱を必要とした。

「明治天皇は、神武建国に匹敵する大変革の時代を肌で感じられた。だからこそ、維新の理念の原点にしたのだろう」と高森氏は推測する。

明治二十三年の橿原神宮創建前年にあたる二十二年は、国の根幹といえる大日本帝国憲法が発布された年である。同二十七年には日清戦争、同三十七年には日露戦争が勃発した。亡国の危機と隣り合わせで国造りをした時代が明治なのだ。

「明治天皇は、神武天皇を通じて日本人が連綿と受け継いできた精神に、より磨きをかけようとしたんでしょう」と、橿原神宮で神職を三十六年間務める山田敬介・禰宜《ねぎ》は語る。


〈白檮原宮に坐《いま》して、天の下治《し》らしめしき〉。神武天皇の即位について、古事記は高らかにそう宣言する。

「カシ林の原」を開いて宮を築き、天下を治めたという。カシは、冬になっても枯れることのない常緑樹。永久不変のシンボルと考えられた。高森氏は「初代天皇が、神聖なカシの木の生い茂る白檮原宮で即位したと伝えることに意味がある」と説く。古事記は中巻《なかつまき》から、皇統の正統性を説く性格を色濃くしていくのが特徴だ。

神武天皇は戦後、皇国史観の象徴として教育の場から排除された。古事記で百三十七歳まで生きたと記される点などから、「架空の天皇」ともいわれる。

しかし、神武東征説話の舞台となった九州と大和が考古学的に、弥生時代の二大勢力圏だったことを見落としてはならない。大陸から真っ先に稲作が伝わった九州では、吉野ケ里遺跡（佐賀県）など王国が次々と誕生した。弥生時代も末の三世紀になると、日本の中心は大和に移り、纏向《まきむく》遺跡（奈良県桜井市）などで巨大な神殿が築かれた。また、神武東征のルートで、高島宮があった岡山には吉備王国と呼ばれる強大な勢力があったとされる。

「弥生時代以降、北部九州は常に中国・朝鮮半島の先進文化の窓口だった。考古学的に大和を征服したとまではいえないが『光は西から東へ』という大きな流れが、東征説話の背景にあったのではないか」。九州大の西谷正名誉教授はそう話す。

日本の統一への道を象徴する存在として語られているのが、神武天皇なのである。

三輪山拠点に国造り

崇神天皇

皇統十代の崇神《すじん》天皇は師木《しき》の水垣宮《みずかきのみや》で天下を治めたが、疫病が大流行し、国が存亡の危機に立った。嘆いていると、オオモノヌシノミコトが夢枕に現れ、「私の末裔《まつえい》のオホタタネコに私を祭らせたら、国は安らかになる」と告げた。

そこで四方に使いを出してオホタタネコを探索。河内の美努村《みののむら》で見つかると、天皇は大いに喜び、オホタタネコを神主とし、三輪山（奈良県桜井市）にオオミワノオオカミを斎《いつ》き祭られた。疫病はやみ、国は平穏になった。

天皇はさらに、オオビコノミコトを越国《こしのくに》に、その子のタケヌナカワワケノミコトを東方の十二国に遣わし、従わない人々を服従させた。遠征した二人が行き会った場所は「会津」の地名となった。天下は泰平となり、天皇は初めて、男が弓矢で得た獲物や女が織った織物を貢納させた。その御世《みよ》は「初国《はつくに》知らしし御真木天皇《みまきのすめらみこと》」と称《たた》えられた。

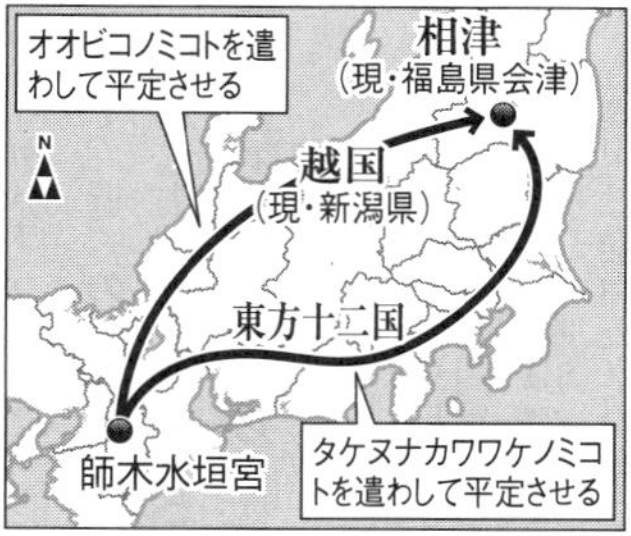

二代綏靖《すいぜい》から九代開化《かいか》までの八代の天皇について、古事記は宮の場所と后《きさき》など簡素な記述にとどめている。対照的に十代の崇神天皇の事績は充実している。

〈故其《かれそ》の御世を称へて、初国知らしし御真木天皇と謂《い》ふ〉

この君こそ、初めて国を統治した天皇である。古事記はそうまで崇神天皇を称賛する。称賛には理由がある。崇神天皇は親子の将軍を北陸と東海などに派遣し、平定を進めた。

〈（親子は）共に相津《あひづ》（福島県の会津地方）に往《ゆ》き遇《あ》ひき。故其《そ》地《こ》は相津と謂《い》ふ〉

古事記は、会津の地名の由来を誇らしげに述べることで、天下平定が順調に進んだことを記す。

〈是《ここ》に初めて男の弓端《ゆはず》の調《みつき》、女の手末《たなすえ》の調（男が狩猟で得た獲物や女の手仕事の糸や織物といった税）を貢《たてまつ》らしめたまふ〉

人民も富み栄え、貢納の制を始めることができたと古事記は伝える。こうして初めて、国家の体が整ったというのである。

記述を裏付けるような発見もあった。新潟県胎内市の城《じょう》の山古墳（四世紀前半）で、矢を入れる靫《ゆぎ》や舟形木棺など畿内色の濃い遺物が見つかった。能登半島とされていた初期大和政権の勢力範囲の北限を塗り替える発見で、近くの阿賀野川をさかのぼれば、そこは会津盆地だ。

「埋葬方法が奈良の古墳と共通しており、被葬者は大和政権と連携した人物だろう。伝承に背景があることが明らかになった」。兵庫県立考古博物館の石野博信氏（考古学）はそう話す。

日本人は整った円錐《えんすい》形の山に神を感じ、いつのころからか神奈備山《かむなびやま》と呼んだ。崇神天皇はその代表格の三輪山の麓に宮を構えた。

古事記は崇神天皇のもう一つの重要な功績として、三輪山の神であるオオモノヌシノミコトを祭り、流行していた疫病をおさめたと記す。祭り主として探し出されたオホタタネコが住んでいた「河内の美努村」は、日本書紀では「茅渟県陶邑《ちぬのあがたすえむら》」となっており、堺市の泉北丘陵にあったとする説が有力。四世紀末頃、国内で最初に大規模な須恵器生産が行われた地域だ。

京都教育大の和田萃《あつむ》名誉教授（古代史）によると、大和王権はこの地を直轄地とし、従来の土師器《はじき》と比べて水や酒がにじみ出ることのない須恵器を生産する先端技術を独占していたという。

実は、ここで生産された五～六世紀の須恵器が三輪山麓で数多く見つかっている。和田氏は「三輪山の神祭りに用いられたと想像される。崇神天皇の時代に須恵器はないが、古事記の伝承は三輪山祭祀《さいし》は元来、大和王権の王が自ら行うものだったことを示している」と言う。天皇は古来、神を祭ることによって国家に平安をもたらす存在であるということだ。

崇神天皇が宮を築いた「師木（磯城）」は、奈良盆地東南部の三輪山周辺の地域を指す。三世紀に突如として出現した国内最初の「都市」ともいわれる纏向《まきむく》遺跡も広がる。平成二十一年秋、纏向遺跡から三世紀前半の巨大建物跡が見つかった。宮殿域は二本の川と水路で少なくとも三方が流水に囲まれ、「水垣宮」の文字が想起させるイメージとも重なる。

石野氏は「三輪山周辺には数多くの墓があるが、不思議なことに三輪山麓の台地には全く存在しない。聖なる神の地域で墓を造ってはいけないという意識があったようだ」と指摘する。

崇神天皇が三輪山を拠点とした理由は謎だが、山容は人々の心を打ち、国造りの理想を見るようである。

脅威だった南九州・出雲

ヤマトタケルの西征

皇統十二代景行《けいこう》天皇の子、オウスノミコトは実の兄オオウスノミコトを残虐な方法で殺す。その行為を恐れた景行天皇は西方に住む、朝廷に従わないクマソタケル兄弟の討伐をオウスに命じる。

オウスは叔母のヤマトヒメノミコトから譲り受けた衣装をまとって女装し、クマソタケルの宴の輪に加わった。クマソタケルは女装したオウスを気に入り、自らのかたわらに置いた。オウスは、油断したクマソタケルを至近距離から討ち、逃げる弟も追いかけて討った。このとき名前を譲り受け、ヤマトタケルノミコトとなった。

ヤマトタケルはその後、出雲に転戦。イズモタケルと偽りの親交を結び、自分が手にしていた偽物の大刀《たち》とイズモタケルの大刀を交換した。ヤマトタケルは、偽物の大刀を抜くことができないイズモタケルを斬り、大和に帰還する。

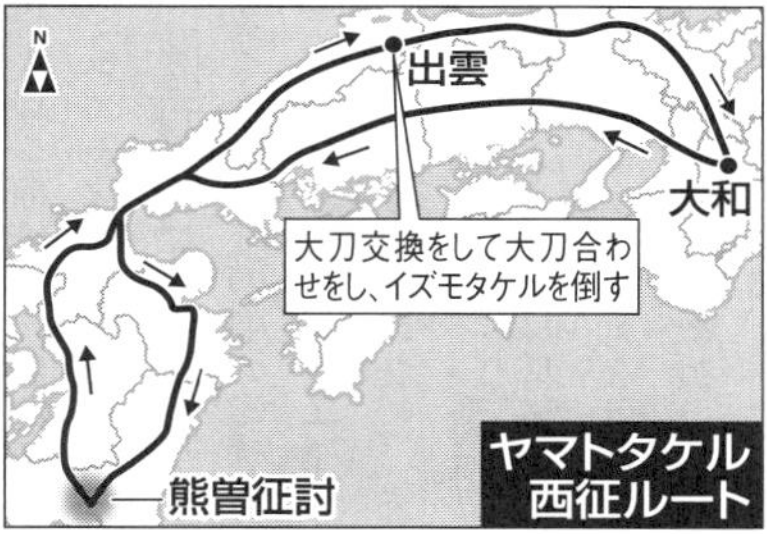

景行天皇の子、オウスノミコト（後のヤマトタケルノミコト）は西征を命じられたとき、十五、十六歳の少年だった。女装姿を敵に見初められるほど美しい半面、残虐性を併せ持っていた。実の兄オオウスが厠《かわや》から出てくるのを待ち伏せし、つかみつぶして手足をもぎ、薦《こも》に包んで捨ててしまうほどだった。父と不和になった兄を説得するよう命じられ、復讐《ふくしゅう》するものと勘違いしてのことである。こうした荒々しさを父は恐れる。勇猛ではあるが、災いをもたらすのではないか。苦悩の末に命じたのが西征である。

父に忠誠を誓う子と、わが子を疎ましく思う父。古事記の景行天皇の章は、親子の葛藤とヤマトタケルの武勇で埋められている。

ヤマトタケルが遠征を命じられたのは熊曽《くまそ》と出雲。クマソタケルとは何者だったのだろうか。

「一九七〇年代頃までは、南九州地域にクマソと呼ばれる人々の文化圏が存在するという考え方があった」と、話すのは鹿児島大総合研究博物館の橋本達也准教授だ。しかし、最近の研究では、南九州には小規模なコミュニティが複数あっただけで、広範囲の文化圏はなかったという考えが支配的だ。

「考古学的にみて、クマソタケルがどこにいたのかを示す史料は出土していない。クマソはあくまで文献の中の言葉です」

ただし、古事記で「建《たける》」は勇猛な者の意に使われており、クマソタケルは「熊曽の勇猛な者」という意味になる。また「朝廷に背き、秩序に従わない者」と語られていることから、天皇に服していない地域の長だったことは推測できる。

「熊曽は、九州南西部に存在する勢力の総称だったのではないか。全国を平定するうえで、大和王権が押さえなければならない地域だったことは間違いない」

同志社大の元教授で古代学研究者の辰巳和弘氏がそう話すのは、古事記上巻から重要視されている出雲に、クマソタケルを討った後のヤマトタケルが向かうからである。

「記紀の中で黄泉《よみ》の国という異界を置くなど、出雲は大和の人々にとって恐れられた場所だった。クマソタケルが支配していたとされる地域もまた、大和王権からみると、大きな存在と認識されていたのだろう」

そこで注目したいのは、熊曽でも出雲でもヤマトタケルが、だまし討ちともいえる知力を発揮したことだ。油断を突かなければ討てないほどの軍勢を、両者が持っていたことを想像させる。

ヤマトタケルは西征の旅に出る前に、伊勢にいる叔母のヤマトヒメを訪れる。クマソタケルを討つ際に使う女装を授けられるのはその時だ。ヤマトヒメは後の東征の際も、さまざまな助力を与える形で描かれる。

景行天皇の妹ヤマトヒメは大和を離れ、各地をめぐった後、天照大御神《あまてらすおおみかみ》を伊勢の地に祭った最初の人物。未婚の内親王や皇女が天皇の代わりに伊勢の地で天照大御神を祭る、斎王制度の最初期の姿とされる。

斎宮《さいくう》歴史博物館（三重県）の学芸普及課長、榎村寛之氏は、ヤマトヒメは実在の人物とはみられていないとしたうえで、こう指摘する。

「古事記は政治的な物語。当時の人の心を動かす必要があった。ヤマトタケルの遠征を読んだ人に『それなら成功するよね』と納得させるために、天照大御神を祭るヤマトヒメを登場させたのでは」

古事記で一貫するのは、天照大御神の子孫が日本を治める正統性の記述である。

愛国の情 今に伝える

ヤマトタケルの東征

大和に戻ったヤマトタケルノミコトは休む間もなく、父の景行《けいこう》天皇から東国の平定を命じられる。ヤマトタケルは、叔母のヤマトヒメノミコトに「天皇が私など死んでしまえと思うのはなぜでしょう」と嘆く。ヤマトヒメは草那芸剣《くさなぎのたち》（草薙の剣）と御嚢《みふくろ》を授けた。

道中、地元の豪族にだまされて野原で火に囲まれたが、剣で草を払い、火勢を退け、豪族たちを倒す。相模国から船で上総国に渡る際には荒波に遭遇。后《きさき》のオトタチバナヒメノミコトが入水すると海はなぎ、その先の荒れすさぶ民や神々を平定できた。

ヤマトタケルは帰途、尾張の国に寄り、婚約していたミヤズヒメと夫婦の契りを交わす。その場に草那芸剣を置いて伊服岐能山《いふきのやま》の神を討ちに出るが、山の神が降らせた激しい氷雨で消耗し、ついには息絶えて、大きな白鳥となって大空を舞った。

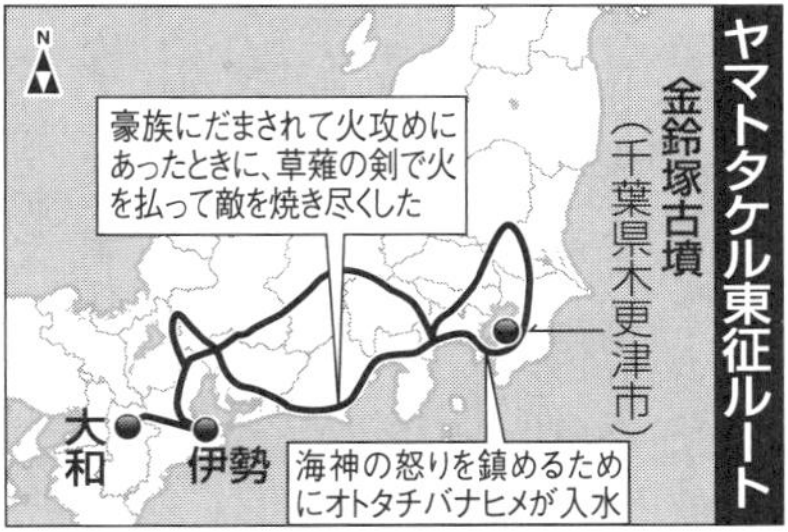
ヤマトタケル東征ルート
金鈴塚古墳
（千葉県木更津市）
豪族にだまされて火攻めにあったときに、草薙の剣で火を払って敵を焼き尽くした
大和
伊勢
海神の怒りを鎮めるためにオトタチバナヒメが入水

〈天皇既に吾《あれ》の死ぬことを思ほす所以《ゆゑ》か、何ぞ〉

続けざまに東征を命じる父に、ヤマトタケルは涙する。嘆きを聞くのは伊勢にいる叔母ヤマトヒメノミコトだ。英雄譚《たん》ともいえる西征から一転し、人間味あふれる姿で語り始められる東征は、大和王権と東国をつなぐ物語である。

神奈川県横須賀市。海沿いにある小高い山の中腹に走水《はしりみず》神社がある。祭神は、ヤマトタケルとその后オトタチバナヒメ。一行はこの地から上総国を目指し、走水海《はしりみずのうみ》を渡った。

走水海は現在の浦賀水道である。潮の流れが速く、古代から難所だった。古事記はその様子を、海峡の神が波を起こして行く手を阻むという形で伝える。窮地を救ったのはオトタチバナヒメの入水、つまりは身を捨てる献身だった。

境内にはヒメの功績をたたえた歌碑がある。建立したのは明治の軍人、東郷平八郎や乃木希典ら。ヒメの献身は、近代日本の武人たちの心を打ち崇拝を集めた。ヤマトタケルの悲話はヒメの死によって一層、感涙を絞るものになる。

荒波を越え、ヤマトタケルがたどり着いた場所は定かではなく、内房の各地に伝承が残る。伝承地はいずれも、大和王権の足跡を示す考古学的史料が存在する地と重なっている。

〈君さらず　袖しが浦に　立つ波の　その面影を　みるぞ悲しき〉

ヤマトタケルが亡き妻を詠んだ歌に由来すると伝えられる千葉県木更津市の金鈴塚《きんれいづか》古墳（六世紀後半）もその一つ。ここからは、金の飾り大刀が全国最多の約二十本出土した。出土品を保管・展示する木更津市郷土博物館学芸員の稲木章宏氏は「数は他の古墳と比べて突出している。形状から間違いなく、畿内からもたらされたものです」と話す。

大和王権が勢力を伸ばす際、地方勢力を従わせる「威信財」として、初期は鏡が用いられ、六世紀後半には飾り大刀が使われた。

「大和は鉄資源を求めて最終的には東北を目指した。すでに影響下にある土地に最前線の拠点を置こうとすると、茨城から千葉にかけた地域がその一つだったのでしょう」

千葉県教育振興財団文化財センター普及資料課長の栗田則久氏はそう話す。

古事記が記すヤマトタケルの東征は、東北へ勢力を伸ばすため、すでに影響下に置いていた関東までの地盤固めだったのではないか、という推測である。

千葉県内だけでも多数に上るヤマトタケル伝説で思い出したいのは、オオクニヌシノミコトの数多い恋物語だ。オオクニヌシの国造り神話同様に、ヤマトタケルの物語も、多くの武人の英雄譚を一人にまとめたものではないか。そうした説も根強い。

古事記はしかし、ヤマトタケルを万能の英雄として終わらせない。ヤマトヒメから譲られた剣を置いたまま伊服岐能山に行き、命を落としてしまうのだ。一瞬の驕《おご》りが命取りになるという、世界各地に見られる悲劇の英雄像が描かれている。

〈倭《やまと》は　国の真秀《まほ》ろば　たたなづく　青垣《あをかき》　山籠れる　倭し麗し〉（大和は国の中でも最も良いところだ。重なり合う青い垣根の山、その中にこもる大和は美しい）

ヤマトタケルが最期に詠んだ国思歌《くにしのびうた》である。理不尽な運命にあっても故郷のために生きた生涯は、愛国の情を今に、そして鮮烈に伝えるものになっている。

神意に従い外征へ挑む

神功皇后

熊曽国《くまそのくに》（九州南部）を討つため訶志比宮《かしひのみや》（福岡市の香椎宮《かしいぐう》）にいた十四代仲哀《ちゅうあい》天皇は、妻の神功《じんぐう》皇后に降臨した神が朝鮮半島を攻めるよう促すが、従わず、琴を弾きながら崩御する。

夫の死後、皇后は神のお告げに従い、軍勢を整え、一気に新羅国の中央付近にまで達する。新羅王は天皇に奉仕することを申し出る。皇后は、新羅国に馬を輸入するための御馬飼《みまかい》、百済国に貿易の拠点となる官府の屯倉《みやけ》を置いた。

外征という非常時で、腹に石を巻いて出産時期を遅らせていた皇后は、筑紫国（北九州）に着いてから太子を産む。後の応神天皇である。

太子の異母兄で、仲哀天皇とオオナカツヒメノミコトの息子である香坂王《かぐさかのみこ》、忍熊王《おしくまのみこ》の兄弟は、太子と皇后を討ち取ろうと画策するが、香坂王はイノシシに食い殺され、忍熊王は追いつめられて琵琶湖で死ぬ。

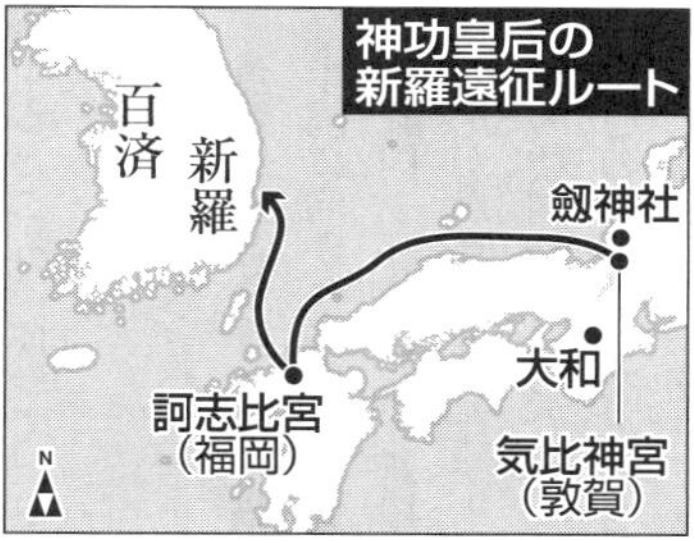

仲哀天皇は、悲運のうちに死んだヤマトタケルノミコトの子である。古事記はその事績を一切語らず、死の場面だけを不気味に描く。

〈西の方に国有り。金《くがね》・銀《しろがね》を本《もと》と為《し》、目の炎耀《かかや》く種々《くさぐさ》の珍しき宝、多《あま》た其《そ》の国に有り。吾《あれ》、今其の国を帰《よ》せ賜《たま》はむ〉

この神の託宣を、仲哀天皇は訶志比宮の聖なる庭で、大臣（おおおみ）の建内宿禰《たけうちのすくね》とともに聞いた。神は神功皇后に憑依《ひょうい》し、新羅国を帰服させるべきだと言ったのだ。

〈凡そ、茲《こ》の天の下は、汝《いまし》の知らす（統治する）べき国に非ず〉

託宣を拒否した天皇は再び琴を弾くが、やがて音が聞こえなくなり、火をかかげて見ると、亡くなっていた、と古事記は記す。

「奈良時代以前の古代琴は音を楽しむ楽器ではなく、天と地を結ぶ日本固有の『音具』であったと考えられる」

古代音楽研究家で琴奏者の安部遼《はるか》氏はそう語る。古事記は、託宣を一層権威づける小道具として琴を使っているのだ。神の命ずるところに従って、皇后は外征に打って出る。

〈海原の魚、大き小さきを問わず、悉《ことごと》く御船を負ひて渡る…〉

魚が船を背負うとは、描写が過ぎるようだが、そう感じるほど勢いがあったのだろう。朝鮮半島に向かう皇后の大船団はまさに、順風満帆であった。

新羅国王は降伏し、新羅国には日本にはいない馬の供給地を置き、隣の百済国には海洋貿易の足がかりを築いた。当時の先進地域だった朝鮮半島との本格的な交流の道が開かれ、その後の倭国発展につながっていく。

皇后の神がかりを思わせる記述はなおも続く。皇位を奪おうと待ち伏せていた香坂王は、戦況を占う狩りの最中に現れたイノシシに食い殺される。忍熊王は皇后に戦いを仕掛けたが、一進一退の末に敗走し、追撃されて琵琶湖で自死する。自らの戦死情報を流して油断を突いた皇后の武略の勝利、と古事記は描く。

皇后から応神天皇へ。この継承を正統化する記述が、この章の特徴だが、神意を随所にのぞかせているのが印象的だ。

敗死した忍熊王を祭る劔《つるぎ》神社（福井県越前町）には奈良時代の釣り鐘（国宝）があり、「釼《つるぎ》（劔）御子《みこ》寺鐘」の銘がある。劔御子とは人格神としての忍熊王を指し、同神社は神と仏が共存した、いわゆる神宮寺である。越前町教委学芸員の堀大介氏（考古学）によると、八世紀初頭の創建の可能性が高い。

七一五年創建で、日本最古の神宮寺とされる気比《けひ》神宮寺（気比神宮）＝福井県敦賀市＝は、仲哀天皇や神功皇后を祭っている。国内最古級の二つの神宮寺に仲哀天皇や忍熊王が祭られているのはなぜか。

「不遇の死を遂げた仲哀天皇や忍熊王の祟りを恐れ、霊を和ますために、外来の仏の力を借りたのではないか」

堀氏はそう考える。祟りや悪霊を恐れる記述は古事記にもある。戦勝後、太子は建内宿禰に連れられて、禊《みそぎ》のために敦賀を訪れる。

〈吾が名を以ち、御子の御名に易《か》へまく欲し〉

〈恐《かしこ》し、命《みこと》のまにまに、易へ奉らむ〉

そこで太子は、気比大神に名前を交換するように言われ、かしこまって応じるのである。戦による穢《けが》れをはらい、清らかな身となっての即位であることを古事記は強調する。

「王位継承権が正統に、応神天皇に譲られたことも物語っている」と堀氏。ここでも神意が重要な役割を果たしている。

大陸と交流 現代の指針

応神天皇

「皇后のお腹におられる御子が国を統治されるべきである」。神功《じんぐう》皇后の胎内にいるときに神託を受けた太子、ホムダワケノミコトはその後、十五代応神天皇として軽島《かるしま》の明宮《あきらのみや》（奈良県橿原市）で天下を治めた。

ホムダワケとは生まれたとき、腕に矢を射るときの防具、鞆《ほむた》のような肉があったためについた名前だった。

三人の息子を重用した治世の間、百済国王の照古《しょうこ》王が良馬二頭、大刀や大鏡を献上。百済の王仁《わに》も論語や千字文を携えて渡来し、鍛治や機織りなど大陸の先進文化や技術が次々にもたらされた。

天皇が百三十歳で亡くなると、三人の一人、オオヤマモリノミコトが皇位継承者ウヂノワキイラツコを討とうとして逆に討たれる。ウヂノワキは異母兄オホサザキノミコトに皇位を譲ろうとするが、オホサザキは受けず、互いに譲り合う。

応神天皇の時代の東アジア

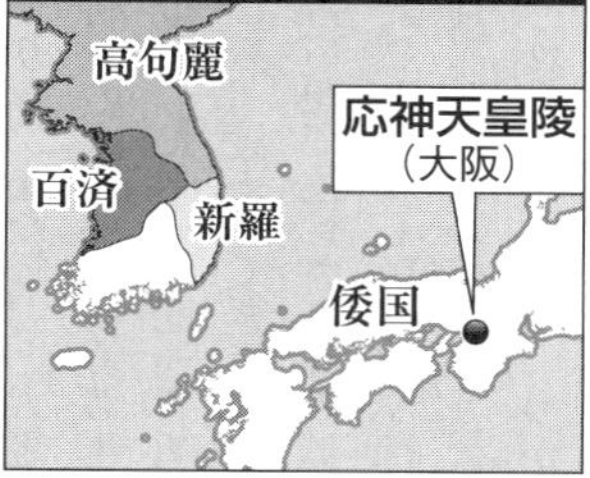

残暑の抜けきれない九月十五日夜、大勢の男たちが神輿《みこし》を担いで威勢よく橋を渡った。普段は立ち入りが禁じられている応神天皇陵（大阪府羽曳野市、全長四二五メートル）へと進み、陵内では神楽を奉納した。巫女《みこ》たちの振る鈴の音が厳かに響き渡る。

　同天皇陵に隣接する誉田《こんだ》八幡宮の秋季大祭である。この日は年に一度、祭神として祭る応神天皇の御霊《みたま》が神輿に乗って御陵に戻る日とされている。

「このお宮は、応神天皇陵をお守りする社《やしろ》として創建された。氏子や地元の人たちも、その思いは千数百年間変わっていません」。中盛秀・宮司が誇らしげに語る。

　ヤマトタケルノミコトによる西征と東征、神功皇后の新羅遠征などを経て、国内は安定した。応神天皇の時代、古事記は朝鮮半島との交流に紙幅を割く。

〈新羅人参渡《まいわた》り来つ〉

〈百済の国主照古《こにきししょうこ》王、牡馬《おま》壱疋《ひとつ》、牝馬《めま》壱疋を阿知吉師《あちきし》に付けて

貢上《たてまつ》りき。また横刀《たち》と大鏡とを貢上りき〉

新羅の人々が数多く渡来し、百済の照古王がオス馬とメス馬一頭ずつ、さらに大刀や大鏡も献上したという記述である。応神天皇が「百済に賢人がいたら献上するように」と求めたところ、渡来してきたのが文人の王仁だった。

「古事記で注目されるのは、応神天皇の時代に百済などから多くの文化人や技術者が渡ってきたこと。新しい文化や国造りに大きな影響を与えた」

京都教育大の和田萃《あつむ》名誉教授（古代史）は、そう指摘する。

それを示す資料の一つが石上《いそのかみ》神宮（奈良県天理市）に伝わる国宝・七支刀《しちしとう》だ。「泰和《たいわ》四年（西暦三六九年）」「百済」などの文字が金象眼で施され、百済王が倭（日本）王に贈った大刀とされる。和田氏は、応神天皇崩御を古事記が記す甲午《きのえうま》（三九四）年頃とし、七支刀も応神朝に伝来したと考える。

〈品陀和気命《ほむだわけのみこと》（応神天皇）、軽島《かるしま》の明宮《あきらのみや》に坐《いま》して、天の下治《し》らしめしき〉

古事記が記す応神天皇の宮は、現在の橿原市大軽町付近とされる。この場所こそ、倭国の国際化の重要なカギを握る。当時の主要な港だった紀ノ川（和歌山）から延びる幹線道路「紀路《きじ》」の終着点にあたるからだ。

朝鮮半島から瀬戸内海を経た文物は紀ノ川の港で陸揚げされ、紀路を通ってもたらされた。和田氏は「交通の要衝に宮を置くことで、最新の文化や技術を積極的に取り入れたのではないか」と指摘する。

応神天皇の時代、大陸との交流が盛んになったのはなぜだろうか。それには東アジア情勢が密接に関係している。

四世紀後半、朝鮮半島北部の高句麗が南下して新羅を服属させると、隣接する百済は友好関係にあった倭に軍事支援を求めた。中国吉林省集安市の「好太王碑」には、三九一年に倭が百済や新羅を服属させたが、その後、高句麗が倭軍を攻略したという記述がある。倭は百済を救済できずに敗退したということだ。

その際、倭に渡来する人々がさらに増えた。後に朝廷を支える豪族、秦氏や東漢氏《やまとのあや》の祖先もこの頃に渡来したとされる。

高句麗などとの軍事衝突について古事記が触れないのは面白い。「古事記は国の成り立ちなどを記す目的で編纂《へんさん》され、歴史書の日本書紀とは性格が異なるからではないか」と和田氏は言う。

日韓の切っても切れない関係は、記紀の時代からのものだ。「今こそ、その時代に思いをはせてほしい」と中・宮司。千三百年前に編纂された古事記に、現代へのメッセージが読み取れる。

◆第三章

古事記【下巻】

十六代仁徳以降の天皇の
徳ある政治と人間像を追う

民家から立ち上るかまどの煙を眺める仁徳天皇＝「初等科国史 上」（大阪教育大付属図書館所蔵）

民を重んじた「聖帝」

仁徳天皇【上】――かまどの煙

応神天皇の皇子として生まれたオホサザキノミコトは、父・応神の遺言に従って弟のウヂノワキイラツコに皇位を譲ろうとしたが、固辞された。兄弟で譲り合って長い間決まらなかったが、ウヂノワキが亡くなったため、オホサザキが十六代仁徳天皇として即位。難波の高津宮《たかつのみや》で天下を治め、茨田堤《まんたのつつみ》や難波の堀江（運河）、墨江《すみのえ》の津（港）を整備するなど治世に尽くした。

あるとき、天皇が高い山から国の様子を眺めると、民家から炊煙が上がっていなかった。

「民はみな貧しく、三年間、調（税）と労役をすべて免除せよ」

その命が行われている三年間、収入のない宮廷は、宮殿が破損して雨漏りもひどくなったが、修理せず、屋根から漏る雨を器で受けるほどだった。その後、炊煙が満ちて国民は豊かになり、天皇は「聖《ひじり》の帝」とたたえられた。

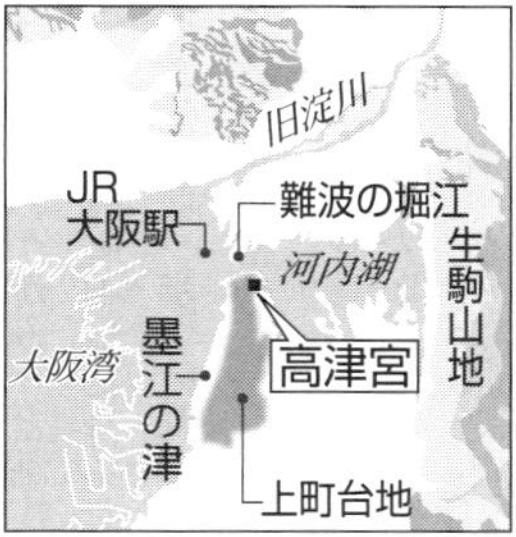

国内最大の前方後円墳、大山《だいせん》古墳（堺市、全長四八六メートル）に葬られたと伝えられる仁徳天皇。教科書でおなじみの陵に眠る天皇を古事記は、民の生活を何よりも重んじた「聖帝」と称賛する。古墳の巨大さは天皇の徳の高さをも物語る。

〈天皇、高山に登りて四方《よも》の国を見て詔《の》りたまはく、「国中に煙《けぶり》発たず。国皆貧窮《まず》し。今より三年《みとせ》にいたるまで、悉《ことごと》に人民の課役を除《ゆる》せ」とのりたまひき〉

炊煙を見て庶民の暮らしに心を砕いた「国見」は、仁徳天皇の政治姿勢を示す有名なエピソードだ。

神々による国生みから書き起こされた古事記は、中巻《なかつまき》で初代神武天皇の即位やヤマトタケルノミコトの国内平定などを描き、下巻《しもつまき》では巻頭で、仁徳天皇を通して君主としての「道」を説く。

〈大殿（宮殿）破れ壊れて、悉に雨漏れども、かつて修理《つくろ》ひたまはず〉

天皇は民の税を免除しただけでなく、自らも質素倹約に励んだ。「宮殿が雨漏りしても修理せず、自らを厳しく律することは政治家のかがみ」と話すのは、かつて政治改革を唱えて新党さきがけを立ち上げ、官房長官として政府中枢に身を置いた武村正義氏だ。「炊煙を見て民の苦しさを知るだけでは、まだ政治の第一歩。それにとどまらず、自らを律したことで民の信頼を高めた。これこそが民主主義の原点です」

〈茨田堤また茨田三宅《みやけ》を作り、丸邇池《わにの》、依網池《よさみの》を作り、また難波の堀江を掘りて海に通《かよ》はし、墨江《すみのえ》の津を定めたまひき〉

治水や灌漑《かんがい》、港湾整備に尽力したことも、古事記は強調する。天皇の「難波の高津宮」は、現在の大阪城（大阪市中央区）南側の上町台地の高台とされる。古代の大阪平野には「河内湖」という巨大な湖が広がり、上町台地はその西岸を南北に突き出した半島。難波の堀江は台地の北端部を掘削した運河で、墨江の津は台地南西側に整備した港だった。

高津宮があったとされる大阪城の南側では、五世紀頃の大規模倉庫群跡が発掘調査で見つかり、宮を中心に倉庫群、運河、港が集中する海運の要衝だったことが浮かび上がった。

こうした大規模工事を可能にしたのは、「秦人《はだひと》を役《えだ》ち」などと古事記が書くように、先進技術を持ってやって来た渡来人だった。

「応神や仁徳天皇を含む時代には、朝鮮半島との交流が一気に活発化した」

大阪府立近つ飛鳥博物館の白石太一郎館長はそう話す。四世紀後半以降に朝鮮半島は動乱期を迎え、高句麗や新羅と対立した百済が倭に援助を求めるなど、東アジア情勢が緊迫化した。

それに伴って中国や朝鮮半島から先進技術や文化、学問が一気に日本に入ってきたのだ。「まさに古代の文明開化。港湾などの整備も進んだ」と白石氏。「古事記の下巻が仁徳天皇から始まるのは、古代の人たちが新時代の到来と感じたからだろう」と、古事記編纂《へんさん》の意図を読み解く。

国見や治水など「聖帝」としての仁徳天皇のエピソードは、古代中国の聖天子と伝えられる堯《ぎょう》や舜《しゅん》、禹《う》王がモデルとされる。禹王は税を免除し、自らも宮殿増築を控え、黄河の治水に尽力した。「仁徳天皇の政治は、まさに禹王に通じる」と武村氏は話す。

中国の聖帝像を重ね合わせた物語は、天皇統治の正統性とともに、民を思い、百年の計に基づく国造りをする政治の根本精神を説いている。

道理を通し「聖帝」を支える

仁徳天皇【下】――イハノヒメの嫉妬

聖帝・仁徳天皇の皇后、イハノヒメノミコトは嫉妬深く、妃たちは宮中に近づくこともできなかった。妃たちの噂を耳にするだけで足をばたつかせて嫉妬した。あるとき、天皇が美しいと評判のクロヒメを吉備から召し上げたが、皇后の嫉妬を恐れて故郷に逃げ帰ろうとした。その際も皇后は、天皇がクロヒメに歌を贈ったことに腹をたて、船で帰ろうとしたクロヒメに陸路を歩かせた。

また、自分が祭祀に使う御綱柏《みつながしわ》を木国《きのくに》に取りに出かけている間に、天皇がヤタノワカイラツメと結婚したことを知り、御綱柏を海に投げ捨て、宮には帰らず、山代に住む渡来人であるヌリノミの家に身を置いた。

困ったヌリノミらは「皇后のいらしたのは三様に姿を変える虫を見るためで、決して他意はない」と、天皇に使いを出して告げた。天皇は自ら迎えに来て、皇后と歌を交わして和合した。

古事記下巻《しもつまき》は、仁徳天皇に関する記述に多くの紙幅を割いているが、もう一つ大きな特徴がある。前半で天皇の功績を語った後、後半では皇后であるイハノヒメの嫉妬について、事細かに触れているのだ。

〈天皇《すめらみこと》の使へる妾《みめ》は、宮の中にえ臨まず。言立つれば足もあがかに嫉《ねた》みたまふ〉

その激しさに、天皇が使っていた妃たちは宮の中に近づくこともできず、その姿は「足をばたつかせて」というすさまじさだから、歴史書に残さざるを得ないほど、政治にも影響したのだろう。

古事記をよく読めば、このすさまじい嫉妬にも種類があることがわかる。吉備から召されたクロヒメに対しては、船から降ろすほどの仕打ちをする一方で、自分より身分の高い皇女、ヤタノワカイラツメは宮から追い出さず、皇后自らが山代にこもった。

古事記の記述はいずれの場合も、その後の天皇の対応をきちんと描く。吉備に帰ったクロヒメには、皇后の目を盗んで会いに行き、歌を交わして心を尽くす。山代にこもった皇后に対しては、会いに行って和合を果たす。

「優れた統治者は、何人もの妻たちをもうまく治められることを示しているのでしょう」

そう語るのは昭和女子大の烏谷知子准教授（上代文学）だ。「どれほど嫉妬深い妻でも疎むことなく、許容して和解する姿は、仁徳天皇の聖帝像を高め、人間味を加えています」。

上巻《かみつまき》のオオクニヌシノミコトの記述で紹介したように、古代の神や天皇が各地の女性と婚姻するのは、その地を勢力下に治めることを意味する。天皇を補佐する皇后としては、嫉妬は忌むべきものとなるが、にもかかわらず皇后が感情の赴くままに行動できたのは、当時絶大な勢力を誇った豪族、葛城氏の出身だったからだ。

葛城氏は八代孝元天皇の皇孫で、天皇家に大臣《おおおみ》として仕え続けた建内宿禰《たけうちのすくね》を祖とする。皇后の父とされるカツラギノソツヒコは、渡来人を多く領地に住まわせ、当時の最先端技術である金属加工などに従事させて財をなした。

「治世を安定化させるため、仁徳天皇は葛城氏と婚姻関係を結び、権力を補強した。皇后の行いに強く出なかったのは、葛城氏との関係に配慮したからでしょう」

奈良・葛城市歴史博物館学芸員の神庭滋氏はそう推測する。

しかし古事記は皇后の嫉妬を、天皇の偉業を引き立てる装置や豪族の威光を映す鏡としてだけ、書いているのではない。それを感じさせるのは、山代から戻った皇后が、宮中の酒宴に集まった女性たちに自ら酒を与える場面である。

その場で皇后は、謀反の罪で誅殺されたメドリノミコの玉釧《たまくしろ》（腕輪）を付けている女に気付く。メドリノミコは天皇の異母妹である。女は、追討軍の将軍、ヤマベノオホタテノムラジの妻だった。

「仕えるべき人が腕に巻いた腕輪を、死んですぐ、まだ肌も温かいうちにはぎ取って、自分の妻に与えるとは」

皇后はそう言って、将軍を処刑した。

この記述を最後に、皇后の姿は古事記から消える。仁徳記は、皇后自身が道理を通し、天皇を支える素養があったことを示して結んでいるのである。

聖帝・仁徳天皇は八十三歳で崩御。皇位は皇后が生んだ皇子三人が相次いで継いでいく。皇后が、天皇の最も愛した女性だったことは、想像に難くない。

不道徳の御世も赤裸々

安康天皇――マヨワノミコの反逆

仁徳天皇の子、十九代允恭《いんぎょう》天皇は、長子のキナシノカルノミコを後継者に指名した。しかし、カルノミコは同母妹と道ならぬ恋に落ちたため、臣下が弟のアナホノミコトを支持。反発したカルノミコは重臣の邸《やしき》に武装して立てこもり、やがて流刑になった。

アナホは二十代安康天皇として即位。同母弟のオオハツセノミコトに目をかけ、叔母のワカクサカノミコと結婚させようとする。申し出をワカクサカの兄オオクサカノミコは快諾したが、お礼の献上品を欲しくなった使者が、拒絶されたと伝えたため、激怒した安康天皇はオオクサカを殺害。妻のナガタノオオイラツメを奪って皇后にし、息子のマヨワノミコを引き取った。

「私が父を殺したことを知ったら、マヨワは反逆するのではないか」

夫婦の会話から事実を知ったマヨワは安康天皇を殺し、重臣の邸に走った。

神武天皇以来百二十五代を数える皇統で、暗殺の悲運に見舞われた天皇は二人いる。二十代安康天皇と三十二代崇峻天皇である。崇峻天皇の場合は、臣下である蘇我氏に殺された政治的暗殺だったが、安康天皇は皇后の連れ子に殺された、いわば家庭内殺人だけに、より悲惨に感じる事件である。

悲劇のきっかけは、天皇が皇后に、うかつに漏らした不安だった。

〈汝《な》が子目弱王《まよわのみこ》、人と成りたらむ時に、吾《あれ》其の父王《ちちみこ》を殺ししことを知りなば、還りて邪《きたな》き心有らむと為《す》るか〉

そのとき、七歳のマヨワは偶然、御殿の床下で遊んでいた。真実を知ったマヨワは、眠りに就いた天皇の首を断ち切った。天皇は五十六歳で非業の最期を遂げた。

「古事記は天皇の御世が始まると、その時代ごとに区分けして書いているが、必ずしも美化して書いていない。良い天皇と、あまり良くない天皇を選別して書いている印象がある」

そう語るのは国学院大の山崎かおり講師である。安康天皇は無論、良くない天皇の一人。他にここに分類される代表例は、朝鮮半島を攻めるようにという神意に従わず、その場で亡くなった十四代仲哀天皇だ。

「古事記は上巻、中巻、下巻で性格をしっかり分けて書かれた可能性がある」と山崎氏は言う。「上巻は神話の時代として、中巻は神と人とが合体する時代として。そして下巻は人が喜怒哀楽する現実の世界として描かれたと読み取れる」。

その現実の世界の中で、安康天皇はマヨワに、親の敵として殺される。神の託宣を信じなかったために神罰で死ぬ仲哀天皇とは、記述の趣が大きく違う。

古事記が、安康天皇の罪として描くのはまず、臣下の讒言《ざんげん》を軽々しく信じたことである。「人を見る目がないことを古事記は強調しています」。さらに、一時の怒りに任せて叔父を殺し、その妻を奪うという暴挙を犯す。自らの皇位が、兄の禁断の恋、いわば不道徳によって回ってきた経緯を考えると、天皇の不道徳も当時、許されないものと周囲が見たことは想像に難くない。古事記の記述は、当時の宮中世論を反映、もしくは意識して書かれていると考えられる。

「下巻で神が登場するのは一カ所だけ。それが下巻の最大の特徴」と山崎氏は言う。その一カ所とは、二十一代雄略天皇が葛城山の一言主大神《ひとことぬしのおおかみ》に出会って畏まる場面。古事記は神話から人を語る史書に、性格を明確に変えているのだ。

安康天皇の暗殺は、後世の鎌倉幕府三代将軍、源実朝暗殺を思い起こさせる。実朝は、父・頼家の恨みを晴らそうとした甥《おい》の公暁に殺される。その経緯が比較的正確に後世に伝えられているのは、政権が北条家に移り、遠慮なく歴史を書いたからだ。

では、皇統の正統性を主張するための古事記が遠慮なく、天皇家の内部を描くのはなぜだろうか。

「仁徳天皇の後の五代の天皇は当時の中国にも知られる存在だった。それゆえに事績や事件は正確に書かざるを得なかった」

そう語るのは大阪府立大の村田右富実教授だ。

中国が知る、とは当時の宋王朝の史書「宋書」に、倭の五王が遣使してきた記述があることを指す。五王は讃、珍、済、興、武と書かれているが、同時に記録された親族関係からそれぞれ、履中天皇、反正天皇、允恭天皇、安康天皇、雄略天皇と考えられる。古事記編纂《へんさん》の八年後、大陸に向けた史書、日本書紀が編纂されるが、古事記も下巻になると、史書に近い書物になっていることは興味深い。

滅びの美学と専制時代

雄略天皇【上】――オオハッセノミコトの復讐

兄の安康天皇がマヨワノミコに殺されたことを知ったオオハツセノミコトは、兄のクロヒコノミコ、シロヒコノミコに復讐を相談する。しかし、煮え切らない態度に怒り、剣で刺し、生き埋めにして、二人を殺した。

マヨワは、大臣であるツブラオミの邸に逃げ込んでいた。オオハツセは邸を包囲して攻め、ツブラとマヨワを自殺に追い込む。オオハツセはさらに、十七代履中天皇の皇子で皇位継承のライバルだったイチノヘノオシハノミコを狩猟に誘って射殺。仁徳天皇の系譜を受け継ぐ唯一の存在になって、長谷の朝倉宮（奈良県桜井市）で二十一代雄略天皇として即位した。

雄略の治世は、皇后となるワカクサカベノミコに求婚するため、日下《くさか》（大阪府東大阪市）に向かう山上から国内を遠望し、宮殿に似た家に怒って焼こうとするなど、専制的だった。

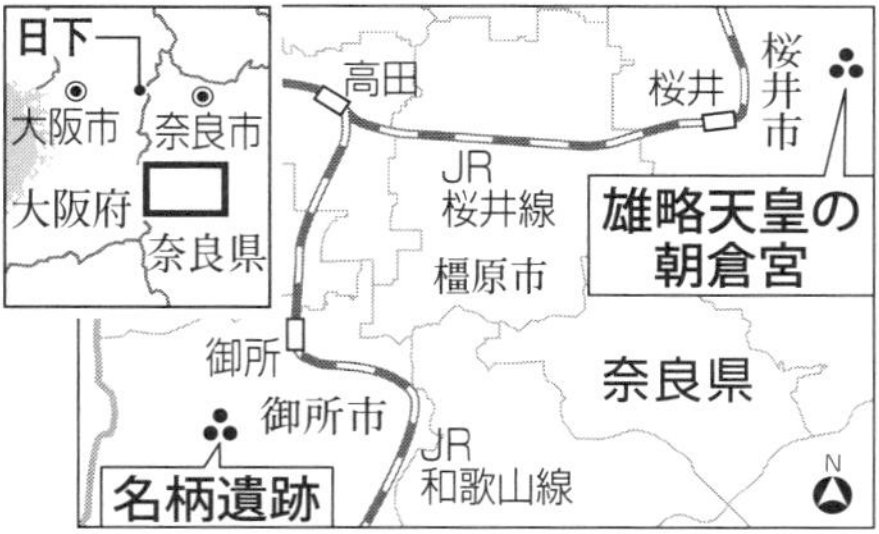

雄略天皇の物語は、古事記下巻《しもつまき》の終盤を飾る叙事詩である。

〈射出《いいだ》す矢、葦《あし》の如く来散《きち》りき〉

ツブラオミ（都夫良意美、日本書紀では葛城円大臣《かつらぎのつぶらのおおおみ》）の家を囲んで攻めるオオハッセノミコトと、抵抗するツブラ。激しい戦いぶりを古事記は、密集するアシの穂のように矢が乱れ飛んだ、と表現している。

「この記述は、史実が基になっていると考えて間違いないでしょう」

奈良・御所市教委の藤田和尊文化財課長はそう話す。ツブラは五世紀頃、天皇家と対等な力を持った豪族、葛城氏の首長で、戦いの舞台は、現在の御所市だったという。葛城氏が支配した葛城山、金剛山の東麓で発掘調査が進み、彼らの拠点が御所市の名柄《ながら》遺跡付近だったことが明確になってきた上での推論だ。

「山麓に武器やガラス製品を生産した工場などが並び立っていたと推定できるが五世紀後半には完全に衰退する。それがまさに雄略天皇の時代なのです」

戦闘の様子を、古事記はさらに詳しく描く。矛を杖《つえ》にして邸《やしき》に入ってきたオオハツセを、ツブラは身をかがめて拝礼して迎え、こう言った。

「私が力を尽くしても勝てるはずはありますまい。しかし、自分を頼んで、卑しいわが家に入ってこられたマヨワノミコを、死んでも見捨てられません」

ツブラは武器を持って再び邸に戻り、勝ち目のない戦闘を続ける。そして…。

〈僕《やつかれ》は、手《て》を悉《ことごと》に傷《お》ひつ。矢も亦《また》、尽きぬ。今は戦ふこと得ず。如何《いか》に〉（ツブラ）

〈然《しか》らば、更に為《な》すべきこと無し。今は吾《あれ》を殺せ〉（マヨワ）

満身創痍《そうい》のツブラはマヨワを刺し殺し、自らの首を切って死ぬ。古事記はそう記す。

「現実的に考えれば、邸に火をつけて円大臣《ツブラオミ》らを焼き殺したという日本書紀の記述が真相に近いはず」

そう話すのは立正大の三浦佑之《すけゆき》教授（古代・伝承文学）だ。「打算のない死を遂げる男を描くことで、レクイエムとして物語を紡ぐ。滅びの美学とも呼べる伝承にこそ、古事記の本質があるように思える」。

雄略天皇に関する記述はその後も、横暴さを印象づけるものが目立つ。象徴的なのが「国見」の場面だ。

〈其《そ》の、堅魚《かつお》を上げて作れる舎《や》は、誰《た》が家ぞ〉

堅魚とは、屋根の上に装飾用に並べた堅魚木のことで、当時は宮殿に用いられていたと考えられる。

〈志幾《しき》の大県主《おおあがたぬし》（大阪府柏原市あたりの豪族）が家ぞ〉（従者）

〈奴《やつこ》や、己が家を天皇の御舎《みあらか》に似せて造れり〉（天皇）

雄略天皇は、在地豪族が天皇の御殿に似た邸を持っていることに怒る。同じ国見でも、炊煙の立たないのを見て税を免除した仁徳天皇とは対照的だ。

「（記述は）豪族の群雄割拠の時代から天皇専制政治の時代に変わる情勢を暗示している」と、京都教育大の和田萃《あつむ》名誉教授は指摘する。雄略朝を天皇専制の画期と示す資料は多い。中国の「宋書」は、雄略天皇とされる倭王・武が、自ら武装して諸国を征服したことを宋の順帝に伝えたと記す。万葉集の第一首が雄略天皇の歌で始まることも、雄略期を新時代と認識した当時の空気を示唆する。旅の途上だった雄略天皇は、許しを請う大県主から献上された犬をワカクサカべに贈って求婚する。

「暴虐なまでの荒々しさと、恋多き側面を併せ持つ男が日本古来の英雄像。雄略天皇はその代表として語られています」

徳ある為政者像を強調

雄略天皇【下】——赤猪子・一言主との出会い

雄略天皇は三輪川（奈良県桜井市）で美しい少女、赤猪子《あかいこ》に出会った。「ほかの男に嫁がないでおれ。今に宮中に召そう」。赤猪子はその言葉を信じて待ち続け、八十年が経《た》った。意を決して天皇を訪ねると、すっかり忘れられていた。

「容姿も老いましたが、お言葉を守ったことを知ってほしかったのです」

赤猪子がそう訴えると、天皇は「誠に気の毒だ」と二首の歌と品物を贈った。

また、ある日、天皇が葛城山（奈良県）に登ると、天皇の行列にそっくりな一行がいた。

「この国に私をおいてほかに大君はいない」

激怒した天皇は矢をつがえた。「互いに名乗ってから矢を放《はな》とう」と言うと、相手は「葛城の一言主《ひとことぬし》の大神である」と答えた。天皇は「おそれ多いことです。わが大神よ」と言って、大刀や弓矢を置いて拝礼し、献上した。

下巻《しもつまき》が最も紙幅を割くのは、十六代仁徳天皇と並んで二十一代雄略天皇である。二人は、仁政と専制を行った天皇として好対照に描かれているが、恋多き男という点では共通している。

〈汝《いまし》は志を守り命《みこと》を待ちて、徒《いたずら》に盛りの年を過しつること、これ甚愛悲《いとかな》し〉（女としての盛りをむなしく過ごしてしまったのは本当に気の毒だ）

　雄略天皇は、九十歳を超えると思える赤猪子に対し、素直に謝罪し、二首の歌を詠んだ。

〈御諸《みもろ》の　厳白檮《いつかし》がもと　白檮がもと　ゆゆしきかも　白檮原《かしはら》童女《おとめ》〉（御諸の社の神聖な樫の木。その樫の木のように神聖で近寄りがたいよ、三輪の樫原乙女は）

〈引田《ひけた》の　若栗栖原《わかくるすばら》　若くへに　率寝《いね》てましもの　老いにけるかも〉（引田の若い栗林。そのように若いときに、おまえと共寝すればよかったものを、今はすっかり年老いてしまったよ）

「女性からすると、やっぱりひどい話。でも、なぜ八十年も待ったんでしょう。もっと早く訪ねていれば結ばれていたかもしれないのに」。こう話すのは奈良県立万葉文化館の井上さやか主任研究員。「死ぬ間際にせめてもう一度、天皇のお声を聞きたいと思ったのかもしれませんね」。

雄略天皇は吉野でも美しい女性に声をかけるなど、古事記は数々のロマンスを描く。ただ、葛城の地での「出会い」だけは、一触即発の緊迫した描写になっているところが興味深い。天皇と同じ装束で、堂々たる姿を見せていたのが一言主大神《ひとことぬしのおおかみ》だった。

〈この倭国に吾《われ》を除きて王は無きを、今誰人《たがひと》そかくて行く〉

雄略天皇の怒りは尋常ではなく、即座に矢をつがえた。しかし「葛城の一言主大神」と聞くや、態度を一変。おそれかしこんだ。

この記述は、雄略治世の前半期のことで、氏の長だったツブラオミを討たれた後も葛城氏は依然として、天皇をひるませるほどの力を持っていたことを一言主大神のエピソードはうかがわせる。

「歴代天皇の外戚として君臨してきた葛城氏は、『葛城政権』ともいえる巨大な地域の政治連合だった」と話すのは大阪府立近つ飛鳥博物館の白石太一郎館長。奈良盆地西部から葛城山麓一帯の葛城地域には、雄略天皇が即位した五世紀半ば頃まで、全長二〇〇メートルクラスの、天皇陵に迫る大規模古墳が次々と築かれ、勢力の大きさを考古学的に裏付ける。

古事記はその後、一言主大神について触れないが、五世紀後半には葛城地域から巨大古墳が忽然《こつぜん》と消える。「雄略天皇が葛城宗家を倒したのは明らか。絶大な権力を確立して各地の豪族を押さえつけ、まさに国内政治上大きな画期だった」と白石氏。「一言主大神の話が雄略天皇の条に記されている意味はそこにある」

〈吾は悪事《まがごと》も一言、善事《よごと》も一言、言い離《はな》つ神〉（凶事も吉事も一言で予言し実現させる神）

雄略天皇にそう宣言した一言主大神は現在、奈良県御所市の葛城一言主神社に雄略天皇とともに祭られる。一言の願いならかなえてくれる「いちごんさん」として、信仰を集めている。

「自らの力をご自身でおっしゃる神様は珍しい」

伊藤典久・宮司は神社が残る理由をこう推測する。「天皇は葛城氏を滅ぼしても、一言主大神には手を出さなかったのでは」。

赤猪子にも人情味を見せた雄略天皇。古事記は、徳のある為政者像も強調し、それが読み物としての魅力を高めている。

互譲の徳に満ちた兄弟

顕宗・仁賢天皇――ヲケの即位とオケの諫言

皇位争いで雄略天皇に父イチノヘノオシハノミコを殺されたオケノミコ、ヲケノミコは、針間国《はりまのくに》（兵庫県南西部）に逃れ、身をやつして暮らした。

針間国に新たな地方官が赴任したとき、土地の者が新築祝いを行っていた。その宴で、弟のヲケが自分たちの出自を明かす歌を詠んだ。雄略天皇の子、二十二代清寧《せいねい》天皇の後継者がいなかったため、地方官は皇位継承の資格のある二人を見つけたことを都に報じる。

兄弟は譲り合いの結果、名乗りを上げた功績からヲケが二十三代顕宗《けんぞう》天皇として即位した。天皇は、父の亡きがらの埋葬場所を覚えていた老女を厚遇し、逃避行中に食料を奪った老人には報復した。さらに、雄略天皇の御陵《みはか》を破壊して報復しようと、オケを遣わすが、オケは陵の端を少し掘っただけで戻り、天皇を諭す。天皇の怒りは収まり、二十代安康天皇の代から続いた報復の連鎖はようやくやむ。

顕宗天皇とその兄、二十四代仁賢《にんけん》天皇に関する古事記の記述は、専制から再び仁政に戻る安心感を漂わせるのが特徴だ。

父を殺されたオケノミコとヲケノミコの兄弟が身を隠したのは、自分たちにも危険が及ぶことを恐れたからだ。皇位を狙うオオハツセノミコト（雄略天皇）は、それを心配せざるを得ないほど暴虐な面を持っていた。

兄弟が再び、世に出る様子は雅《みやび》に、そして劇的に書かれている。身分の低い者でも順番に舞う新築祝いの宴。兄弟は、自分たちの番になると、お互いに譲り合う。その末にまず、兄が舞い、続いて弟が舞った。

〈天《あめ》の下を治め賜へる　伊耶本和気天皇《いざほわけすめらみこと》の御子　市辺之押歯王の　奴末《やつこすゑ》〉（天下をお治めになった、伊耶本和気天皇＝履中天皇＝の御子オシハノミコの、今は下僕となっているが、その子孫です）

弟が出自を明かす歌を歌うと、地方官は床から転げ落ちるほど驚き、早馬を立てて、兄弟の叔母イイドヨノミコに知らせた。イイドヨはオシハノミコの妹で、後継が定まらない宮中で一時的に、政務を預かっていた。

「二皇子の出現は神の訪れと重ねて描かれている」

そう話すのは昭和女子大の烏谷知子准教授だ。古事記に描かれる新室は、御殿だけでなく、神を迎える社の性格を有している。落成の祝宴は、そこに神を迎える祭祀《さいし》的な意味がある。だからこそ、皇子が出自を明かし、地位の回復を承認する場にふさわしい、という指摘である。


兄弟の譲り合いは、皇位に関しても続く。その末に弟のヲケが即位するが、名乗りを上げた功績を主張するのが、譲ろうとする兄というのが、いかにも道徳的だ。ヲケすなわち顕宗天皇の治世で描かれるのは、厳しい信賞必罰である。

天皇は、野原に埋められた父の亡きがらを探し、歯形から父の遺骨だと証明した老女にオキメノオミナという名を授けて厚遇した。一方で、逃避行中に兄弟から食料を奪った老人を見つけ出して処刑し、一族全員の膝の腱を断ち切った。

「天皇家に対する行いで、後々までの処遇が決まる、ということを知らしめている」と、帝塚山大の鷺森浩幸教授は話す。この頃には豪族から庶民に至るまで、天皇を中心とした社会秩序が形成されていたという指摘だ。

天皇がさらに、父を殺した雄略天皇の霊に対しても復讐《ふくしゅう》しようと考えた際、使者として名乗りを上げたのが兄のオケだった。オケは陵墓の端を少し崩すだけで戻り、不満を言う天皇を諭す。

〈父王の怨《あた》を、其の霊《みたま》に報いむと欲《おも》ふは、是誠《これまこと》に理《ことわり》ぞ。然れども大長谷天皇《おほはつせのおほきみ》は我が従父《をぢ》と為《あ》り、亦《また》天の下を治めし天皇ぞ。陵を破らば、後の人必ず誹謗《そし》らむ〉

兄の諫言に、天皇は納得し、心から承服する。

〈是《こ》も大きなる理、命《みこと》の如し。可《よ》し〉

兄弟の絆と理性を強調するストーリーと記述が、この段では続いている。


顕宗天皇は即位して八年でこの世を去る。後を継ぐのは兄のオケ、仁賢天皇である。天皇は雄略天皇の皇女を妃とし、子をなした。

「天皇は、系統の違う天皇の皇女を妃に迎えることで血統をつなぎ、正統な後継者であることを示した」と鷺森氏は言う。顕宗天皇に子供がなかったことについては「兄が本来正統な後継者であるとして、譲ったのかもしれません」。

そう推測したくなるほど、顕宗、仁賢の段は、互譲の美徳にあふれている。

口承による伝達の終焉

継体天皇即位――簡素な記述

仁賢《にんけん》天皇の子、二十五代武烈天皇には皇位を継ぐ皇子がいなかった。そこで、応神天皇の五世の子孫、オホドノミコトが近淡海国《ちかつあふみのくに》（滋賀県）から上京し、二十六代継体天皇として即位した。

天皇は皇后にタシラカノミコトを迎え、天下を授けられた。皇后は仁賢天皇の娘で、武烈天皇の姉。この御世に九州の筑紫君石井《つくしのきみいわい》が天皇の命に従わず、物部荒甲之大連《もののべのあらかいのおおむらじ》らを派遣して鎮圧した。

継体天皇は四十三歳で崩御。その後は安閑、宣化《せんか》、欽明と、継体の子が即位し、欽明の血統が現在の皇統につながる。しかし、「物語」があるのは継体までで、安閑以降は宮、后、子、墓を事務的に記すのみ。三十三代推古天皇は、小治田宮《おはりだのみや》（奈良県明日香村）で三十七年間天下を治め、御陵は大野岡の上（同県橿原市）から科長《しなが》の大陵（大阪府太子町）に移されたと述べ、古事記は終わる。

「この石敷きの上を、推古天皇は歩いたに違いありません。まさに飛鳥時代の原点です」

奈良県明日香村、向原寺《こうげんじ》の蕪我原《そがはら》敬浄・住職は、庫裏の建て替えに伴う発掘で見つかった豊浦宮跡《とゆらのみや》を見ながら、そう話す。

豊浦宮は天皇が即位した場所。日本初の女帝である天皇はその後、豊浦宮のすぐ北側に小治田宮を造り、聖徳太子や小野妹子が活躍する時代を演出する。

古事記は、和銅五（七一二）年、太安万侶《おおのやすまろ》が稗田阿礼《ひえだのあれ》が誦《よ》むところの旧辞を選録して四十三代元明天皇に献上したものだが、編纂《へんさん》作業を発意したのは飛鳥の宮で即位した四十代天武天皇。飛鳥は古事記揺籃《ようらん》の地でもあるのだ。

「古事記が推古朝を最後とする理由は、選録の対象とする『上古の時』という言葉を、飛鳥地域の考古学成果で照らすと、うまく理解できる」

奈良県立橿原考古学研究所付属博物館の今尾文昭学芸課長はそう話す。

着目するのは、推古朝を継いだ舒明《じょめい》天皇の時代の遺構だ。この時期、飛鳥京と呼ばれる都市計画が実施され、国内最初の官寺も建設された。百済大寺がそれで、絶大な勢力を持った蘇我氏の飛鳥寺と比べても破格の規模と判明した。

「蘇我氏の専横の下での政権運営という旧来の舒明天皇の見解に、修正を迫る成果があがっている」と今尾氏。当時の国力から、推古までを「上古」、舒明からを「現代」とする認識があったのでは、という指摘である。


古事記は、皇統が途絶える非常事態の中で白羽の矢が立った継体天皇の即位の状況を、極めて簡素に伝えている。

〈品太《ほむだ》天皇（応神天皇）の五世の孫、袁本杼命《おほどのみこと》（継体天皇）を、近淡海国より上り坐《いま》さしめて、手白髪命《たしらかのみこと》に合せて、天の下を授け奉《まつ》りき〉

タシラカノミコトとの結婚で、皇位継承の正統性を強調するのみである。

継体天皇は、五〇七年に樟葉宮《くずはのみや》（大阪府枚方市）で即位するものの、各地の宮を転々とし、即位二十年後にようやく、神武天皇ゆかりの地である磐余《いわれ》の玉穂宮《たまほのみや》（奈良県桜井市）に入る。大和入りに手間取った背景には、在地豪族の抗争があったとの見方が強い。古事記が好んで取り上げそうな歴史だが、雄略天皇や顕宗天皇の時のような雄弁な物語性が見られない。

「継体期から推古期にかけての約百年間に王権周辺に文字が蓄積され、歴史を口承する必要性が低くなった」

古事記が物語性を失う理由を、立正大の三浦佑之教授は、文字の普及の観点から解読する。

銘文入り鉄剣などの考古遺物によって、日本では古墳時代から文字の使用があったと認められるが、本格的に普及するのは木簡が出土する飛鳥時代とされる。推古期までの百年はその過渡期と考えられる。

国家意識の高まりとともに、律令国家に向けた体制を整えていく飛鳥の政権を支えたのは文字、と三浦氏は考える。だが、文字の普及は、口承による歴史を失うことでもあると言う。「文字なき時代には、歴史を語り継ぐ世襲の芸能者のような存在があったと推測できる。彼らは王権と民衆のはざまで感情を込めて歴史を語り、そこには涙を流して聞き惚《ぼ》れる人々がいたことでしょう」

下巻《しもつまき》の「沈黙」が、口承による歴史伝達の終焉《しゅうえん》を意味するのだとすれば、古事記は、無文字時代の日本人に学びと楽しみを与えて、役割を終えたともいえるだろう。

◆第四章

物語を彩る神々

古事記が描く神話には、
脇役ともいえる神々が登場する

島根県美保関への観光客を迎えるコトシロヌシノカミのレリーフ＝島根県松江市

「仇の子」火伏せの神に

カグツチノカミ

イザナキノミコトとイザナミノミコトは、夫婦の契りを交わした後、大八島国《おおやしま》（日本）やさまざまな神を産んでいく。国生みと神生みである。しかし、火の神であるカグツチノカミを産んだ際、イザナミはやけどを負って病み伏せてしまう。それでも嘔吐《おうと》したものや、排泄《はいせつ》物から鉱山の神であるカナヤマビコノカミらを成しながら、ついに命を落とす。

最愛の妻の死に、イザナキは「愛しいわが妻よ、お前は子の一人と引き換えになるというのか」と嘆き、イザナミの枕元や足元に腹ばいになり、泣き悲しんだ。その後、出雲国と伯伎国《ははきのくに》との境にある比婆之山《ひばのやま》に埋葬した。

怒りの収まらないイザナキは、腰に付けていた十拳《とつか》の剣を抜き、妻の命を奪ったカグツチの首を切り落とした。すると、剣に付いた血から、タケミカヅチノカミら八柱の神が、カグツチの遺体からも、八柱の山の神が生まれた。

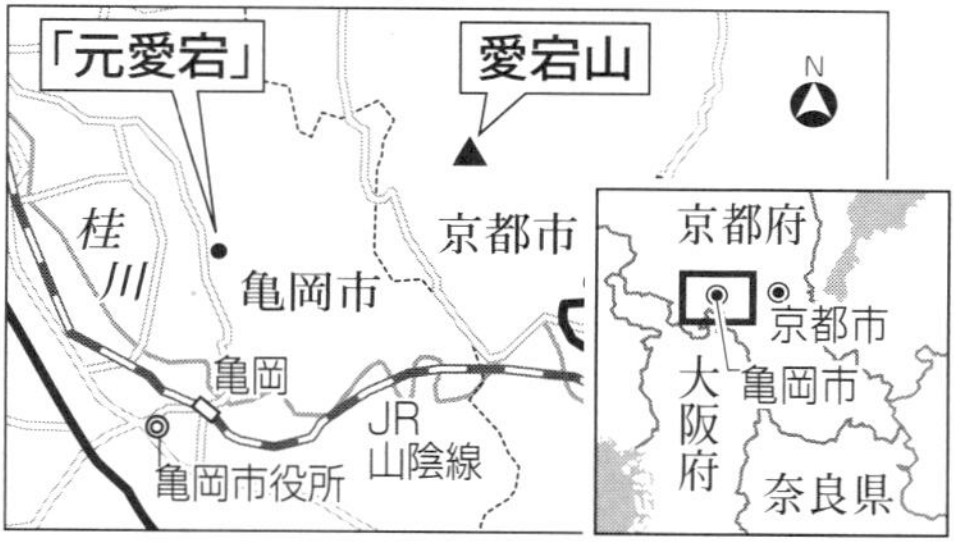

〈伊勢へ七度《たび》、熊野へ三度、愛宕《あたご》さまへは月参り〉

江戸時代の俗謡に歌われる京都人の信仰心。ここに出てくる愛宕とは、京都市右京区にそびえる愛宕山（九二四メートル）にある愛宕神社のことだ。火伏せの利益を得るために、月に一回詣でよ、と勧められたこの神社に、イザナミが命と引き換えに産んだ火の神、カグツチが祭られている。

「愛宕山は修験道の山。明治の神仏分離令が出るまでは、寺院が実権を握っていた。カグツチが、いつ頃祭られたかはわかりません」

こう語るのは、愛宕山を望む京都府亀岡市で、愛宕信仰を研究している「京都愛宕研究会」の副会長、鵜飼均氏だ。同神社は麓の同市から勧請《かんじょう》されたとされるが、時期ははっきりしない。「元愛宕」とされる愛宕神社は現在も、同市千歳町国分に残る。祭神はカグツチと母神のイザナミ。後世に入り、オオクニヌシノミコトが合祀《ごうし》されたが、元は二柱を祭る社だった。

「創建は継体天皇の代と伝えられています。愛宕山の神社は、ここから都に伝わり、勧請されたといわれています」と西田利弘・宮司は言う。

愛宕の名は、母を焼き殺した「仇《あだ》の子」に由来するともいわれる、不幸な出自を持つカグツチだが、同神社は全国約九百社に勧請されるほど、信仰を集めている。

愛宕信仰は元々は、カグツチを信仰するものではなかった。戦国時代には愛宕山に祭られていた「勝軍地蔵」が武将の崇敬を集めていた。

火伏せの信仰が現れ始めたのは、庶民が参拝するようになった江戸時代からだ。太平の時代となり、戦《いくさ》で命を落とす危険がなくなると、人々の恐怖の対象が火災に移り、火伏せの信仰が隆盛したのである。

〈此の子を生みたまひしに因りて、みほと炙《や》かえて病み臥せり（中略）故伊耶那美神《いざなみのかみ》は、火の神を生みたひしに因り、遂に神避《かむさ》りましぬ〉

炎に包まれたカグツチを生んだため、大やけどを負って命を落とすイザナミの様子を、古事記はこう記す。

母親を焼き殺し、父に斬り殺されたカグツチを、京の人々はなぜ信仰の対象にしたのか。火を操る術を磨く修験道と、遺体から八柱の山の神を生み成した火の神の神威が融合したと考えられるが、鵜飼氏はこう言う。

「不幸な神をきちんと祭ることで、その力の助けを受けられると考えたのでしょう」

カグツチは、火伏せの神としてのみならず、陶器の神としても祭られている。

信楽焼で知られる、滋賀県甲賀市信楽町にある愛宕神社には大正時代、陶器神社が設けられた。カグツチのほか、土の神であるハニヤマヒメノカミ、信楽の祖神、アメノヒボコノミコトが祭られ、陶器のこま犬と鳥居が、信楽の人々の信仰をうかがわせる。

「今は詣でる人が減ってしまったけど、祖先は熱心に信仰していた。その名残が、毎年一回行われる火祭りです。作陶にとって、火加減は重要。祭りを通じて、火の神への感謝の気持ちを表しています」

信楽焼伝統工芸士の冨増純一氏はそう話す。

仇の子とさえいわれた神は、人間の営みに必要不可欠な存在として、現代の生活に寄り添っている。

死と再生 大地への感謝

オオゲツヒメ

イザナキノミコトとイザナミノミコトが生んだ島の一つ、伊予之二名島《いよのふたなのしま》（四国）は身は一つで顔が四つ。その一つひとつに名があり、粟国《あわのくに》（徳島県）はオオゲツヒメといった。

天岩屋戸《あまのいわやと》隠れで天照大御神《あまてらすおおみかみ》を外に引き出すことに成功した神々は、乱暴狼藉で天照大御神を怒らせた須佐之男命《すさのおのみこと》を高天原《たかまがはら》から追放した。

地上界に下った須佐之男命はオオゲツヒメに食べ物を求めた。オオゲツヒメは、鼻や口、尻からさまざまな美味を取り出し、料理して差し上げた。その様子をのぞき見た須佐之男命は、汚して進上したと思い、オオゲツヒメを殺す。

殺されたオオゲツヒメの頭には蚕が生じ、目には稲の種がなった。さらに耳には粟が、鼻には小豆が、女陰には麦が、尻には大豆がなった。万物の生成に携わるカムムスヒノミオヤノミコトがそれらを集め、五穀の種を作った。

鼻や口、尻から食べ物を取り出して調理し、殺されてもなお、体のさまざまな部位から穀物や蚕を生み出す。古事記のおどろおどろしい描写は何を伝えようとしているのか。手がかりを探るため、オオゲツヒメ信仰の伝承地を訪ねた。

徳島市から南西へ約二五キロ。スダチの名産地として知られる徳島県神山町は、一〇〇〇メートル級の山に囲まれた山深い里である。オオゲツヒメが降り立った伝承がある大粟山《おおあわ》はここにある。丸い山容の低山で、オオゲツヒメを祭神とする上一宮《かみいちのみや》大粟神社が中腹に鎮座する。

〈大宜都比売命《おおげつひめのみこと》がこの地に下り、はじめて粟を植えて、粟国開祖の神となられ、阿波の国名も之れから起る〉

大粟山周辺の伝承を『神領村誌《じんりょう》』（同村は現神山町）はそう記している。

「旧神領村の多くの家には、粟を持つオオゲツヒメの掛け軸が、五穀豊穣《ほうじょう》の神様として代々、伝わっている」。地元の農業、中谷秀久氏はそう話す。

阿波の山間部の光景は独特だ。山の樹木を切り開いた段々畑や棚田が広がり、中腹の斜面に民家が点在している。

「山頂付近でも水がわき出る山が多いため、山の上での生活が可能なのです。こうした条件は焼き畑農業に適し、神山町を含む四国山地は日本有数の焼き畑地帯でした」

古代史研究者で県立鳴門渦潮高校で地理、歴史を教える林博章氏はそう話す。「焼き畑の歴史は古く、古事記のオオゲツヒメの物語との関連がうかがえます」。

オオゲツヒメが植えたと伝わる粟は、古代には重要な穀物だった。収穫に感謝する宮中の新嘗祭《にいなめ》には現在でも、稲と共に献上される。粟は、焼き畑で作られる代表的な作物でもあった。

焼き畑農業は、稲作が日本列島に定着する以前の縄文時代に始まったといわれる。アジアでは、中国南部や東南アジアで行われ、オオゲツヒメの物語に類する、死体から食べ物を生み出す神話が存在するエリアと重複する。

「温暖多雨な徳島の山間部は豊かな森と薬草に恵まれ、狩猟と採集で生きる縄文人には生活しやすい場所でした。そこには焼き畑に適した山もあり、渡来した縄文人が農業を始めるには、西日本でも最適地だったと想像できます」と林氏は言う。

須佐之男命に殺されたオオゲツヒメは、古事記では、オオクニヌシノミコトによる国造りの場面の後に再び登場する。

〈羽山戸神（人里近い山の神）、大気都比売神《おおげつひめのかみ》を娶《めと》ひて、生める子…〉

生まれた神々はミヅマキノカミ（みずみずしい種をまく神）、ナツタカツヒノカミ（夏の高く照らす太陽の神）、アキビメノカミ（収穫の秋をつかさどる女神）、ククトシノカミ（稲の神）…。まさに農業の年間サイクルを示しているようだ。

オオゲツヒメの「ゲ」は食べ物を意味し、その名は「大いなる食物の神」と訳せる。自らの死と引き換えに食物を提供するオオゲツヒメは何を示唆するのか。林氏は「秋に刈られて殺された穀物の女神が、種まきによって復活し、秋にまた殺される。死と再生の自然循環思想を表現している」と説く。

殺されて種を残したオオゲツヒメは、穀物の死と復活を象徴する神として、古事記には描かれているのである。その神話には、農耕を始めた原始日本人が抱いた、母なる大地への感謝が込められている。わずか数行にしか登場しない神にも大いなるメッセージを含んでいるのが古事記である。

開拓民支えた小さき神

スクナビコナノカミ

国造りの神、オオクニヌシノミコトが出雲の美保の岬にいたとき、波頭を越えてガガイモの実の舟に乗って近づいてくる神がいた。オオクニヌシが周囲の神々に尋ねると、だれも知らなかったが、物知りのクエビコが「カムムスヒノカミの子で、スクナビコナノカミという」と答えた。

天上のカムムスヒに尋ねると、「スクナビコナは私の手の指の間から漏れこぼれた子である。オオクニヌシと兄弟となって、国を造り、固めよ」と仰せになった。そこで二神で国造りにとりかかったが、途中でスクナビコナは海の彼方の常世《とこよ》の国へ去ってしまう。

協力者を失って途方に暮れたオオクニヌシの元に、海上を照らしながら近寄ってくる神があって、「丁寧に私の御魂を祭ったなら、国造りを成し遂げるだろう」と言った。この神は御諸山《みもろやま》（奈良県桜井市の三輪山）の神だった。

「開拓民たちの精神的よりどころとし、大地が安らかなることを希求する」

明治二年九月一日、明治天皇は北海道開拓にあたって、「開拓三神」を北海道に祭るよう詔《みことのり》を出し、現在の札幌市に札幌神社（現・北海道神宮）が創建された。開拓三神とは、国造りを行った神として古事記が記す大那牟遅神《おおあなむぢのかみ》（オオクニヌシ）と少彦名神《すくなびこなのかみ》、そして大国魂神《おおくにたまのかみ》だ。

国造りの舞台・出雲からはるか遠い北の大地で、明治の開拓以来、神話の神々が大切に祭られている。「明治天皇は、北海道開拓を近代国家の礎を築く最重要政策とし、開拓三神をお祭りされた。道民にとって、古事記の神様は決して縁遠い存在ではないんです」。北海道神宮の権禰宜《ごんねぎ》、伊藤勇氏はそう話す。

神宮周辺は当時、原生林に数戸の民家しかない極寒の荒野だった。それから百四十年余り。札幌市は人口二百万人に迫る大都市に発展した。「道民にとって、国土は神様と共に一から開拓したという思いが強い」と伊藤氏。「スクナビコナという小さな神様が、広大な大地の開拓事業を支えた」。その歴史があればこそ、この地では今も信仰があつい。

〈神産巣日御祖命《かむむすひのおやのみこと》に白し上げしかば、答へ告《の》りたまはく、「此は実《まこと》に我が子なり。子の中に、我が手俣《たなまた》よりくきし子なり。故汝葦原色許男命《いましあしはらしこおのみこと》（オオクニヌシ）と兄弟と為りて、其の国を造り堅《かた》めよ」とのりたまふ〉

スクナビコナが開拓の神として国造りをする経緯について、古事記はこう記す。「手俣よりくきし（手の指の間からこぼれた）」と表現されるほど小さな体は、おとぎ話「一寸法師」のモデルとされる。この小さい神が、オオクニヌシを助けて国土を開拓。大小の神が力を合わせたことを強調する点が興味深い。

「オオクニヌシだけではできないことを、スクナビコナが加わることで実行された」と記述を解釈するのは、神道学が専門の国学院大、高森明勅《あきのり》講師だ。スクナビコナは、永遠の生命を持つ常世の国から使わされた神であり、オオクニヌシは地下の世界「根堅州国《ねのかたすくに》」での試練を乗り越えて力を得た神。「対の存在でもある二神によって国造りが行われた」。それを強調しているのが古事記の記述だと言う。

大地の開拓には、健全な心身こそ欠かせない。スクナビコナは健康や医薬の神としても信じられている。

祭神として祭るのが、薬の町、大阪市中央区の道修町《どしょうまち》にある少彦名神社だ。毎年十一月二十二、二十三日の神農祭には全国の製薬業者らが集まる。

道修町に本社を置く大手製薬会社、小林製薬もその一つ。幹部が毎年参拝し、「安全安心の薬を安定的に提供し、人々の健康をお守りします」と誓う。学生対象の就職説明会でも、スクナビコナを信仰する道修町と薬の結びつきを説明する。

「神様をお祭りしながら、薬の仕事をしてきた先人たちの歴史の積み重ねを知ってもらいたい」

浦倫子広報グループ係長はそう話す。

大地の平安と人々の健康を守り続ける小さな神、スクナビコナ。古事記は、オオクニヌシとの国造りにとりわけ紙幅を割く。

「地上世界を築き上げるのに、神々はいかに困難を乗り越えてきたかを示している」と高森氏。「古事記の説話は、人々が力を合わせて極寒の地を開拓した北海道の歴史に通じる」と伊藤氏も言う。神話は、私たちの祖先の苦労を伝える悠久のメッセージでもある。

国譲り 共存共栄の英知

コトシロヌシノカミ

天照大御神《あまてらすおおみかみ》は、オオクニヌシノミコトが国造りした葦原中国《あしはらのなかつくに》を自らの子に統治させようと、高天原《たかまがはら》の神を使者として送るが、オオクニヌシに媚《こ》びて復命しなかったり、オオクニヌシの娘を娶《めと》ってしまったりで、国譲りが行われなかった。

三番目の使者に選ばれたのは武神のタケミカヅチノカミ。タケミカヅチは稲佐の浜（島根県出雲市）に降り立ち、波の上に突き刺した剣の上にあぐらをかいて国譲りを迫った。

オオクニヌシは「わが子のコトシロヌシノカミが代わりに答えるでしょう。しかし、鳥の狩猟や魚釣りのため御大之前《みほのさき》（島根県の美保関《みほのせき》）に行ったまま、帰ってきません」と答えた。そこで、天鳥船神《あめのとりふねのかみ》を遣わして尋ねると、コトシロヌシは「恐れ多いことだ。この国は、天つ神の御子に差し上げましょう」と言い、天《あめ》の逆手《さかて》を打って船を青々とした柴垣《ふしがき》に変え、隠れた。

コトシロヌシが釣りなどをしていた美保関は、日本海にせり出した島根半島の東の端にある。ＪＲ松江駅から路線バスに揺られ、境水道の向こう岸に境港（鳥取県）を眺めて間もなく、二柱の神様が現れる。

〈ようこそ美保関へ〉

観光客を迎える碑に彫られた、コトシロヌシと女神のミホツヒメノミコトの像である。二柱は美保神社の祭神。コトシロヌシはふくよかな体であぐらをかき、右手に釣りざお、左手に大きな鯛を抱えている。えびす様そのものである。

〈大神様（コトシロヌシ）をゑびす様と申上げ釣棹を手にし鯛を抱かれた福徳円満の神影をゑがいて敬い親しみ、漁業の祖神、海上の守護神と仰ぎ…〉

同神社の由緒は、コトシロヌシはえびす様としても信仰されてきたと記す。えびす信仰のルーツは、国生み神話で最初に生まれる水蛭子《ひるこ》とコトシロヌシの主要な二系統があるとされる。

七福神で唯一、日本由来の神であるえびす様は、古事記の神と習合して広まったのである。

同神社はコトシロヌシを祭る全国三千三百八十五社の総本宮。美保関の港は、風待ちの港として古くから栄え、北前船が往来した江戸時代には約四十軒の船問屋が湾を囲んだ。その信仰は、海運業者によって全国に広まったのだろう。

古事記が描くオオクニヌシは、国譲りの段になると実に老獪《ろうかい》だ。天照大御神が遣わした最初の使者、アメノホヒノカミを懐柔し、従わせて三年間も報告をさせなかった。二番目の使者、アメワカヒコには娘を与えて野心を刺激し、使者の役目を八年以上滞らせた。そのためにアメワカヒコは高天原から投げ返された矢を受け、絶命する。

こうした末に、抗《あらが》い難い武神の要求に接し、言い出すのがコトシロヌシの代弁である。古事記の記述はここから、一触即発の雰囲気が消えて円満な交渉ムードを漂わせる。〈恐《かしこ》し。此の国は天つ神の御子に立奉《たてまつ》らむ〉

その転換は、コトシロヌシのごく短い言葉で演出される。共存共栄を願う神の姿を見る思いがする。

美保関灯台の下には今、東の海を向いて同神社の鳥居が建つ。眼下の「地之御前」と四キロ沖合の「沖之御前」はともに、コトシロヌシの釣り場と伝承される無人島で、飛び地境内になっている。

「美保湾では、大山《だいせん》から流れる日野川の砂地からユムシという鯛の好物がわき、奥出雲から宍道湖、中海、境水道を通じて養分を含んだ水も流れ込む。神代から、絶好の漁場だったことでしょう」

同神社に最も近い福間館の十二代目亭主、福間隆氏はそう話す。コトシロヌシは好漁場を知っていた神でもあるのだ。

「乗って参って候」

天鳥船神を表現した古代船に乗った氏子が大声で叫ぶと、コトシロヌシに扮した宮司が応える。

「目出度う候」

同神社前の港で毎年十二月に行われる伝統行事「諸手船神事《もろたぶねしんじ》」に見られる国譲りの場面。掛け合いの後、全員で手をたたくのは、天の逆手（地元では「あめのむかえで」と呼ぶ）の再現である。

「天の逆手は、契約が成立した喜びを音で表す手締めの原点」と、同神社禰宜《ねぎ》の横山宏充氏は話す。大和王権による出雲勢力の征服を反映しているとも言われる国譲りを、横山氏は「共存共栄の英知によって平和的に遂げられた」と言う。コトシロヌシの決断を、大和を中心に国が一つになる契機として、古事記が描いていることは間違いない。

天孫を助けた剣の神

タケミカヅチノカミ

天照大御神《あまてらすおおみかみ》の命で、葦原中国《あしはらのなかつくに》をオオクニヌシノミコトに譲らせようとするタケミカヅチノカミは、オオクニヌシの息子、コトシロヌシノカミの同意を得て、国譲りを迫る。オオクニヌシはもう一人、同意を得るべき息子がいると言う。その息子、タケミナカタノカミは国譲りを拒み、タケミカヅチに力比べを申し出る。タケミカヅチが自らの手をタケミナカタに取らせたところ、手はたちまち氷柱に変わり、剣の刃に変わった。恐れをなしたタケミナカタを、タケミカヅチは軽々と投げ飛ばした。タケミナカタは、信濃国・諏訪湖まで逃げ、「この場以外には行きません。葦原中国は御子の仰せのままに献上します」と申し出た。

オオクニヌシも「私の子供二神の申した通りに、私は違背いたしません」と国譲りする一方で、自らが住まう宮殿を建てるように願い出る。

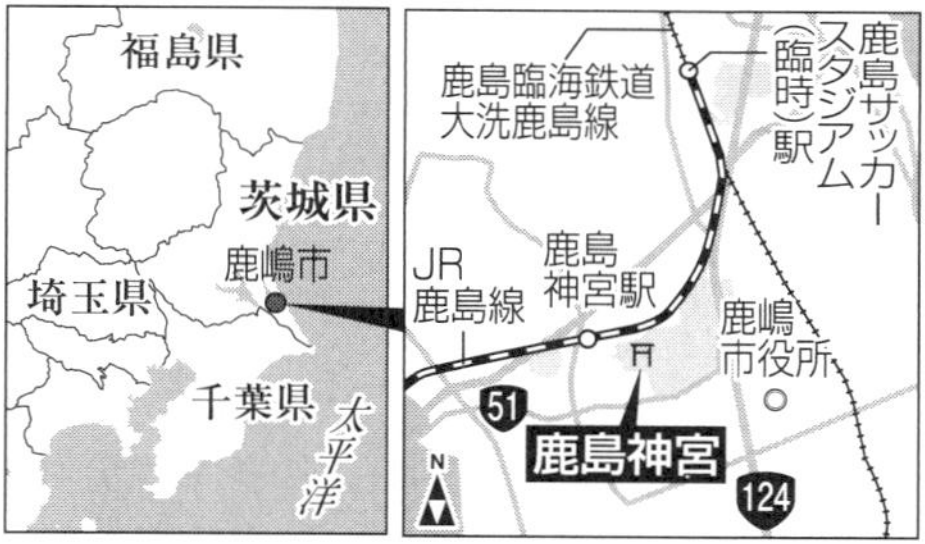

古事記上巻《かみつまき》で、重要な出来事として語られる天孫降臨を前に、葦原中国を平定したオオクニヌシに国譲りをさせたと記されるタケミカヅチ。剣の神とも雷の神ともいわれ、武勇に秀でた神として国譲りの後も天孫を支え続けた。

その功績をたたえるように、タケミカヅチを祭る鹿島神宮(茨城県鹿嶋市)は、勅使が使わされる「勅祭社《ちょくさいしゃ》」として全国に知られる。が、その地は大和を遠く離れた常陸国。ここにタケミカヅチが祭られたのはなぜだろうか。

「大和政権にとって、この地は東北に勢力を広げていく拠点だった。そうした重要な場所だから、武力に勝り、かつ一番信頼できる神を祭ったのでしょう」

同神宮の権禰宜《ごんねぎ》、中島勇人氏はそう話す。

大きな朱塗りの楼門をくぐると、右手に見える重厚な本殿は北向きだ。ここにも、北に向かってタケミカヅチの威光が伸び、その力を借りて勢力を広めようという思いがこもっていると考えられる。

タケミカヅチの誕生は、イザナキノミコトの剣によるものだ。妻のイザナミノミコトが火の神、カグツチノカミを産んだ際に大やけどを負って命を落としたことを嘆き、イザナキはカグツチを、拳を十個並べたほどの剣、十拳《とつか》の剣で斬り殺す。その剣についた血から生まれた八神の一神がタケミカヅチだ。

〈恐《かしこ》し。仕《つか》へ奉《まつ》らむ。然《しか》れども、この道には、僕《やつかれ》が子、建御雷神《たけみかづちのかみ》を遣すべし〉

高天原《たかまがはら》で国譲りの交渉役に選ばれたのは元々、タケミカヅチの父神だった、と古事記は記す。

しかし、父神は恐縮し、子であるタケミカヅチを差し出した。タケミカヅチの神威を増す演出のようにも読める。

タケミカヅチは、剣を持って葦原中国に下る。古事記中巻《なかつまき》の神武東征の記述にもタケミカヅチは登場するが、その際には神武天皇に自らの剣を贈って窮地を救ったと記されている。

「イザナキの剣の子が天孫を助けていくという構図は、古事記を読んだ者に国譲りや神武東征の正統性を印象づけます」

島根県立古代出雲歴史博物館専門学芸員の森田喜久男氏はそう語る。

ちなみに、こうしたタケミカヅチの活躍は日本書紀には記されていない。国譲りは、タケミカヅチをはじめとする複数の神が迫り、オオクニヌシは穏やかに従ったと記す。剣劇を思わすドラマチックな展開は、古事記特有のものである。

平成二十三年三月十一日、東日本大震災は鹿島神宮も襲った。石の大鳥居が倒壊し、本殿の千木《ちぎ》が落下するなどした。

数日後、神宮近くの鹿島灘に、津波にさらわれた神社のものと思われる大きなお札が流れ着いた。

神職が確認すると、お札は諏訪神社のものだった。同神社の総本社は長野県諏訪市の諏訪大社。タケミナカタを祭神とし、五千を超える分社を持つ大社である。

同神宮では、どこの諏訪神社かを調べてお札を返そうと考えたが、東北地方にも数多く勧《かん》請《じょう》されているため、ひとまず同大社に送ったという。

「最終的には、岩手県陸前高田市の諏訪神社のものと判明し、無事に返すことができました。今回の震災は天つ神と国つ神の力自慢の神でさえも、協力しないと乗り越えられない国難で、われわれ人間も力を合わせなければならないことを教えてくれているようでした」

同神宮の中島氏はそう語る。神話が紡ぐ日本の歴史は、現代にもしっかり根付いている。全国の社は、それを教える場でもある。

進むべき道 今も照らす

サルタビコノカミ

オオクニヌシノミコトから国譲りを受けた高天原《たかまがはら》の天照大御神《あまてらすおおみかみ》は、葦原中国《あしはらのなかつくに》への降臨を決意。孫のニニギノミコトを遣わす。ニニギが降ろうとしたとき、幾筋にも分かれた道の辻「天の八衢《やちまた》」で、高天原と葦原中国を照らす神がいた。天照大御神がアメノウズメノミコトに正体を探らせると、「私は国つ神でサルタビコノカミという。天つ神の御子が天降ると聞いたので、ご先導の役をお仕えしようと参りました」と答えた。サルタビコの案内で日向の高千穂峰に降ったニニギは、アメノウズメにサルタビコをお送りするよう命じた。

その後、サルタビコは阿耶訶《あざか》で漁をしていて、比良夫《ひらぶ》貝に手をはさまれ、溺れた。海底に沈んだときの名は「底度久御魂《そこどくみたま》」、海水が泡粒となって上るときは「都夫多都《つぶたつ》御魂」、泡が裂けるときは「阿和佐久《あわさく》御魂」と、その際に三神が生まれたことを古事記は記す。

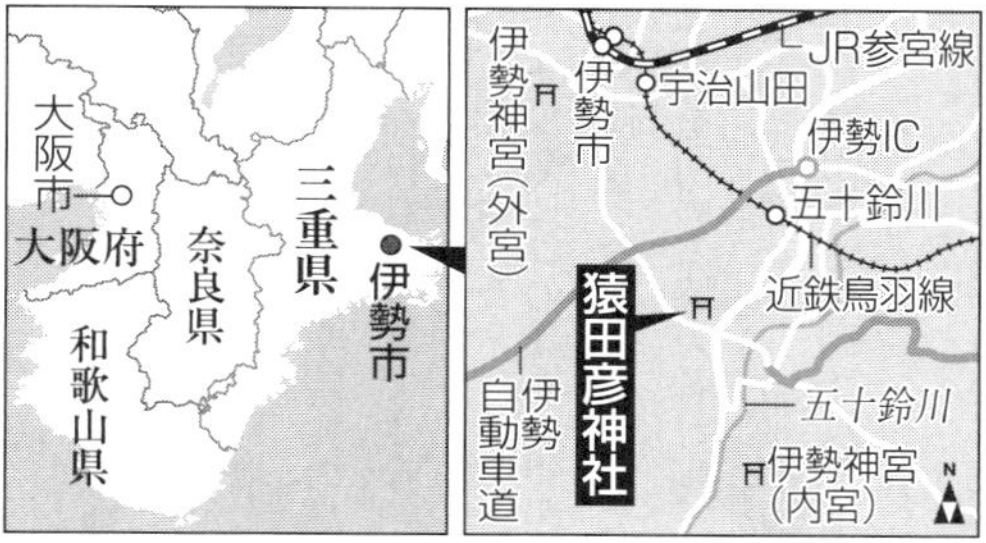

「みちひらき」の神。高天原の神々が地上へ降る「天孫降臨」の際、光を照らして道案内したサルタビコはそう呼ばれる。進学や就職など、人生の第一歩を照らす神として信仰を集める。

〈仕事の道が開けますように〉〈明るい未来へお導きください〉サルタビコを祭る三重県伊勢市の猿田《さるた》彦《ひこ》神社には、こんな願いを込めた絵馬が奉納されている。「進むべき道が決まった方はこれからの前途を、道に迷われている方は一筋の光を見いだそうと、お参りされているようです」と、同神社権禰宜《ごんねぎ》の新居《にい》一城《かずき》氏は話す。

天狗《てんぐ》のモデルともいわれる異様な風貌は、高天原にいた天照大御神が奇異に感じ、アメノウズメに正体を探らせたほどのものだ。戦前の教科書などでは、ニニギやアメノウズメと対照的な雄偉な姿で描かれ、古事記の神々の中でもひときわなじみ深い。

〈日子番能迩々芸命《ひこほのににぎのみこと》（ニニギノミコト）〉、天降りまさむとする時、天の八衢に居て、上は高天原、下は葦原中国を光《てら》す神あ

り〉

サルタビコが高天原の神々の道案内をしたのは、天と地の境界「天の八衢」という場所だった。道が険しく、何本にも分かれた難所とされる。

「天孫降臨は、天から地上へ容易に降りたように思われがちだが、決してそうではない」と指摘するのは国学院大の高森明勅《あきのり》講師だ。「道が複雑に交差する天の八衢では、正しい道を選ばなければ降臨できない。サルタビコが天にも地にも光を照らすことで、天孫は迷うことなく導かれた」。

サルタビコの登場で想起するのは、オオクニヌシノミコトが国譲りを認めるまでの長い年月と使者らの挫折、苦労だ。ニニギが降臨する葦原中国はまだ、完全に平穏な土地ではなく、そこを治める協力者として登場するサルタビコには、政治的な色彩が読み取れる。

「情報があふれ、選択肢が多い現代は、天の八衢に重なる」と高森氏は言う。今なお、サルタビコが篤《あつ》く信仰される理由だろう。

〈猿田毗古神《さるたびこのかみ》、海塩《うしお》に沈み溺れましき。底に沈み居ます時の名は底度久御魂、海水の粒立つ時の名は都夫多都御魂（粒立つ御魂）、泡裂く時の名は阿和佐久御魂（泡裂く御魂）と謂う〉

古事記は、サルタビコが溺れたことで、三神が生まれたと記す。一見、唐突に出現するこのくだりは、サルタビコがこの地に祭られた所以《ゆえん》を書いているようでもある。伊勢湾一帯は、紀伊半島沖からの黒潮が豊かな海の恵みをもたらし、伊勢エビやアワビ漁が盛ん。猿田彦神社には、大漁や航海安全を祈願する漁業関係者も多い。

「貝にはさまれて溺れたと書かれているが、決して死んだわけではない」と高森氏。「水に関わる新たな神々を生み出した。特に、泡が盛んに立つことを意味する『つぶたつ御魂』、泡が裂けて増えるという『あわさく御魂』は共にめでたい神様。力あふれる神々を出現させ、海に活力を与えた」。

同神社境内には、天の八衢でサルタビコに正体を尋ねたアメノウズメを祭る佐瑠女《さるめ》神社も鎮座する。芸能の神として有名だが、高天原の神とサルタビコを結びつけた縁結びの神としても信仰を集める。

「人生の道筋をサルタビコが照らし、アメノウズメがよりよい縁を結んでくれる」と新居氏。進路と、それを助ける良縁。だれもが抱く素朴な願いをかなえる神は今、伊勢神宮の近くで現代人を見守っている。

神から人間世界つなぐ

オオヤマツミノカミ

天照大御神《あまてらすおおみかみ》の命令で地上に降臨した孫のニニギノミコトは笠紗の岬（鹿児島県薩摩半島）で、美しいコノハナノサクヤビメと出会う。

求婚すると、父の許しが要ると言う。ヒメの父、オオヤマツミノカミに使いを出すと、オオヤマツミは喜び、多数の結納品とともに姉娘のイワナガヒメも差し出した。

しかし、その容姿が醜かったので、ニニギは姉を戻し、妹と契った。オオヤマツミは恥じながらも使者を立て、ニニギに告げた。

「姉と結ばれれば、御子の命は岩のように永遠になり、妹と結ばれれば、咲き誇る花のように栄えたでしょう。でも、妹だけを召されたために、御子たちの命は限りあるものになってしまいました」

サクヤビメはその後、三人の子を産み、その一人、ホオリノミコトの孫が初代神武天皇となるが、神武は百三十七歳で没した。

オオヤマツミノカミ

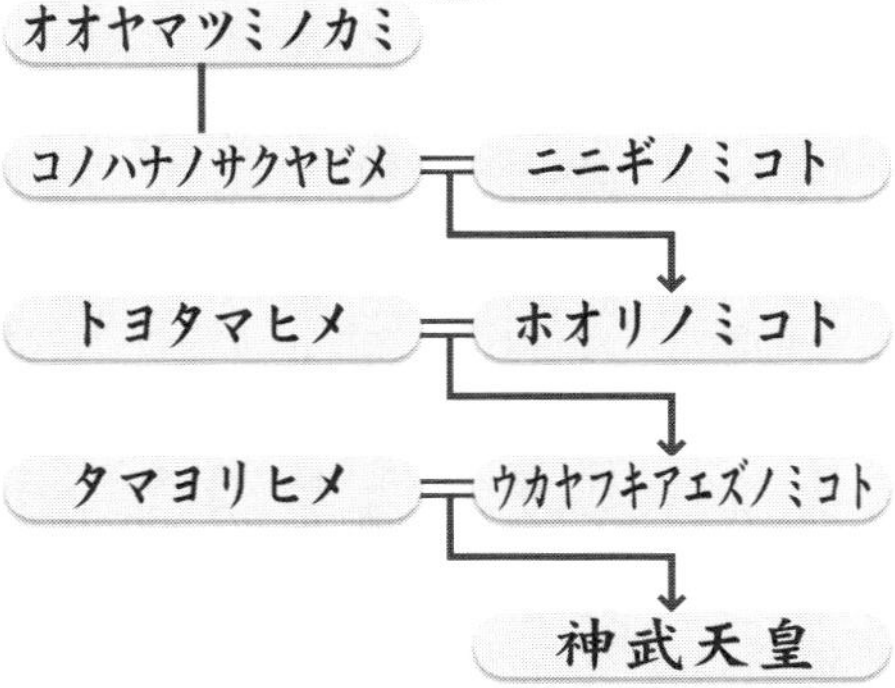

　ニニギの求婚は古事記上巻《かみつまき》の終盤、神話の世界が終わろうとするころに記載されている。上巻はこの後、サクヤビメが生んだ兄弟、ウミサチビコとヤマサチビコ（ホオリノミコト）の確執、ヤマサチビコの子、ウカヤフキアエズノミコトとその子、イワレビコノミコト、つまり神武天皇の誕生を残すのみで、物語は中巻《なかつまき》以降の歴代天皇の事績へとつながっていく。

　この文脈の中で、オオヤマツミは重要な役割を果たしている。それは、古事記が神話から史書へと性格を変えるキーパーソンといってもいい。天つ神の末裔《まつえい》である天皇家の子孫が寿命を持つ理由を語ることで、中巻と下巻《しもつまき》は人間の物語として描けるのである。

　求婚の神話の中でオオヤマツミは山の神として登場する。

〈山の神、名は大山津見神〉、古事記にはそう記されている。また、日本書紀にはこう書かれている。〈山の神等を山祇《やまづみ》と号す〉。

しかし、伊予風土記には〈大山積の神、一名《またのな》を和多志の大神〉とあって、山神である一方で海神・渡航神としての神威も知られていたことがわかる。

「ニニギとサクヤビメの出会いの場は九州ですから、オオヤマツミももともとは九州の神様。その子孫のオチノミコトが神武東征の先駆けとなり、瀬戸内の要衝の大三島にとどまってオオヤマツミを勧請したことが海神にもなった理由と思う」

大山祇《おおやまづみ》神社（愛媛県今治市）権宮司の三島安詔《やすのり》氏はそう語る。同神社は、全国でオオヤマツミを祭る一万以上の神社の総本社だ。

同神社はやがて、武人の信仰を集めるに至る。主に平安時代、水軍がこの地で活躍したことの反映だ。

国宝だけでも八点、重文を含めると六百点以上の指定文化財を所蔵する同神社には、鎧《よろい》だけでも四点の国宝がある。源頼朝が奉納した紫綾威鎧、義経が奉納した赤絲威鎧などである。戦《いくさ》の神としても信仰を集めたところはいかにも、日本の神様らしい。「地域や氏族の願いをすべて聞き届けるのが氏神」（三島氏）だからである。

古事記では、オオヤマツミは他にも二カ所で登場する。まずはイザナキノミコトとイザナミノミコトの神生みの場面。二人が生んだ三十五柱の中に、山の神オオヤマツミの名が出てくる。

もう一つは須佐之男命《すさのおのみこと》のヤマタノオロチ退治。生《い》け贄《にえ》となるクシナダヒメを救ってほしいと嘆願する父親、アナヅチが名乗る場面である

〈僕《やつかれ》は国つ神、大山津見神の子なり〉

ヤマタノオロチの退治を決心した須佐之男命はクシナダヒメを望む。相手が天照大御神の弟と知ったアナヅチは畏《かしこ》まる。

〈然坐《しかいま》さば恐《かしこ》し、立奉らむ〉

古事記では、娘を望まれて恐縮し喜ぶ役回りが、決まったようにオオヤマツミとその子孫なのだ。系図を見れば明らかだが、オオヤマツミは皇室第一の外戚に当たる。古事記編纂《へんさん》期にはすでに、天皇の外戚をいかに抑えるかが国家の大事になっていたことと、この役回りには関係があるのではないか。そうした解釈も可能だろう。

大山祇神社境内の末社、姫子邑《ひめこむら》神社にはサクヤビメが祭られている。姉のイワナガヒメは島内の摂社、阿奈波《あなば》神社に祭られ、長命延寿の神威とともに、近年は子宝を授ける霊験があるとして信仰を集めている。

◆第五章

出雲からの視点

神話の三分の一は出雲が舞台。
ここから見た古事記はどんな意味を持つのか

白兎を助けるオオクニヌシノミコト＝「尋常科用小学国語続本 巻四」（大阪教育大付属図書館所蔵）

心ほぐした八雲立つ地

須佐之男命の改心

イザナキノミコトの鼻から生まれた須佐之男命《すさのおのみこと》は、海原の統治を任されたが、亡き母・イザナミノミコトに会いたいと泣きわめいたために災いが相次ぎ、追放された。姉の天照大御神《あまてらすおおみかみ》が治める高天原《たかまがはら》に戻った後も、田を荒らし、神殿に糞《ふん》をまき散らすなど乱暴の限りを尽くした。

悲しんだ天照大御神が天岩屋戸に閉じこもる天岩屋戸神話は、このために生まれる。天照大御神を連れ出すことに成功した八百万神《やおよろずのかみ》は、須佐之男命の手足の爪を切るなどして、高天原から追放した。

須佐之男命は出雲の斐伊《ひい》川上流に降り、泣き悲しむ老夫婦に出会う。娘が次々とヤマタノオロチの生け贄《にえ》になり、今度はクシナダヒメの番だという。須佐之男命は、ヒメを妻とすることを条件に、ヤマタノオロチ退治を約束。酒で泥酔させて斬殺し、出雲の須賀に宮殿を建ててヒメと暮らす。

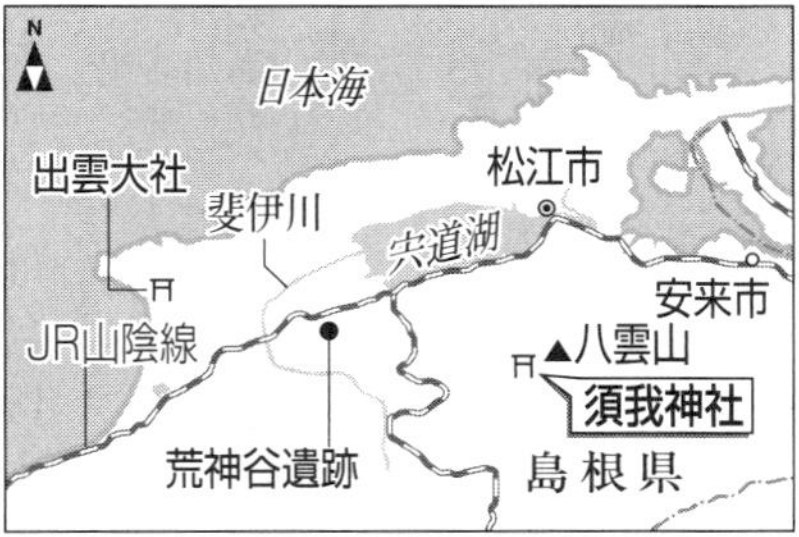

〈須賀《すが》の地に到りまして詔《の》りたまはく、「吾ここに来て、我が御心すがすがし」。宮を作りて坐《いま》しき。そこは今に須賀という〉

ヤマタノオロチを退治して、クシナダヒメと暮らす新居を探し求めた須佐之男命の様子を、古事記はそう記す。須佐之男命の威儀をさらに高めるのが、わが国で初めて詠まれたとされる歌だ。新生活を得た心境を、見事な調子で歌い上げている。

〈八雲立つ　出雲八重垣　妻籠《ごみ》に　八重垣作る　その八重垣を〉（妻を守るため宮に幾つもの垣を造ったが、八重の垣をめぐらせたように、出雲には幾重にも雲がわいて美しい）

古事記は、高天原で乱暴を繰り返した須佐之男命が出雲に降りるや、心優しい英雄になったと描く。

「須賀の地でのすがすがしいお気持ちを素直に歌にこめられた。地元では情け深い神様として信じられています」

須賀の地に鎮座する須我《すが》神社（島根県雲南市）の勝部和承《たかつぐ》・宮司はそう話す。同神社の名は、須佐之男命の言葉「すがすがし」にちなむ。

須佐之男命が変わった理由に、勝部氏は、豊かな自然と時間を挙げる。「母の愛情を知らずに育って乱暴になったが、高天原を追放されてからのさすらいと、その後の出雲での時間が精神的に成長させたのでしょう」。

同神社のある八雲山（四二四メートル）の中腹には須佐之男命とクシナダヒメを祭る巨岩があり、頂に登ると宍道湖が眼下に広がる。「凛《りん》とした空気の中、湖から雲がわき立つ様子はまさに霊気を感じます」。確かに、ここの眺望は、勝部氏の説を裏付けているようだ。

〈かれ避追《やら》はえて、出雲国の肥の河上、名は鳥髪《とりかみ》という地に降りましき〉

古事記は、高天原を追放された須佐之男命が降り立った場所を、山陰を代表する斐伊川上流と記す。なぜ出雲だったのか。

「日本海に面した出雲は、朝鮮半島や大陸との交流を通じて先端技術や文化を取り入れた。そこに繁栄があり、神話が生まれた」と話すのは、出雲神話に詳しい島根県立大短大部の藤岡大拙《だいせつ》名誉教授だ。

斐伊川流域には、弥生時代の銅剣が国内最多の三百五十八本出土した荒神谷《こうじんだに》遺跡（出雲市）、銅鐸《どうたく》三十九個が見つかった加茂岩倉遺跡（雲南市）など古代遺跡が集中し、出雲王国の存在をうかがわせる。その中心に須佐之男命がいたことを、古事記は暗示している。

「出雲にあった巨大勢力の存在が、須佐之男命の降臨神話とヤマタノオロチ退治の力強さに結びついた」

藤岡氏はそう推測する。

神話の舞台でもある斐伊川は、ヤマタノオロチのモデルとされる。曲がりくねった暴れ川は度々氾濫し、人や集落をのみ込んだ。その姿は不気味な大蛇に通じる。また、クシナダヒメは、日本書紀では「奇稲田姫《くしいなだひめ》」と表記され、稲田は農業に結びつく。藤岡氏は「ヤマタノオロチを退治した須佐之男命は、斐伊川の治水に成功した救世主だったのだろう」と話す。

では、その出雲の英雄がなぜ、高天原では乱暴者だったのか。藤岡氏は、かつて出雲を脅威とした大和政権の意図を読み取る。

「須佐之男命が実は乱暴だったと強調することで、出雲の神をおとしめようとしたのではないか。ただし、人々の信仰は揺るがなかった」

その信仰は今、出雲大社に集約、象徴されている。

死から復活　成長への道

オオクニヌシの試練

大勢の兄（八十神《やそがみ》）に付き従い、稲羽（因幡）にやってきたオオアナムヂノカミは、道中で助けた白兎の予言通り、ヤカミヒメを手に入れる。ヒメを取られた兄たちは激怒し、オオアナムヂは二度殺されるが、その都度、母神の尽力によって復活する。

三度目の危機が迫ると、かくまっていたオオヤビコノカミが、須佐之男命《すさのおのみこと》が暮らす根堅州国《ねのかたすくに》に逃れさせる。

須佐之男命は、オオアナムヂをヘビやムカデの室で寝かすが、須佐之男命の娘、スセリビメの助力で無事に過ごすことができた。須佐之男命が野に放った火で逃げ場を失った際には、ネズミが導いた穴に落ちて助かる。

オオアナムヂは、眠っている須佐之男命の髪を柱に縛り付け、ヒメを連れて葦原中国《あしはらのなかつくに》へ逃げ帰る。須佐之男命はこのとき、オオアナムヂにオオクニヌシノミコトの名を与え、出雲の宇迦《うか》に住むように命じる。

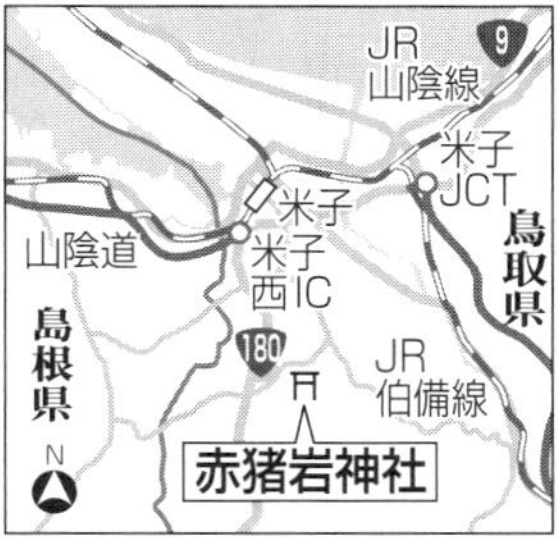

須佐之男命に続いて、古事記が神話の主役として描くのはオオクニヌシだ。その物語の前半は、兄たちの襲撃や祖先神の須佐之男命から課せられる幾多の試練を乗り越え、国造りにふさわしい神へと成長していく様子である。

〈八十神怒り、大穴牟遅神《おおあなむぢのかみ》を殺さむと欲ひ共に議《はか》りて、伯岐《ははきの》国の手間の山本に至りて云はく「赤猪《あかゐ》此《こ》の山に在り、故われ共に追ひ下ろさば、汝待ち取れ」と云ひて、火を以ち猪に似れる大石を焼きて、転ばし落とす〉

オオクニヌシの試練の始まりを、古事記はそう記す。ヤカミヒメを奪われ、激怒した兄たちは、赤猪に似せた焼き石でオオクニヌシを殺そうとした。その場所、伯岐の手間という地名は今も残り、近くに赤猪《あかい》岩《いわ》神社（鳥取県南部町）がある。境内には、兄たちが猪に似せた焼き石が埋められていると伝わる塚がある。

「石は不吉を招くとして、地中深く埋められています。掘り起こせないよう大石でふたをし、しめ縄をしています」

山本侑弘《ゆきひろ》・宮司はそう話す。同神社は、オオクニヌシの復活にあやかり、「次なる発展の地」として近年、信仰を集めている。

オオクニヌシの死を知った母神、サシクニワカヒメノミコトは、高天原《たかまがはら》のカムムスヒノミコトに助けを求め、使わされたハマグリとアカガイの女神が秘薬を使って蘇生《そせい》させる。「復活の際、元通りになったのではなく、『麗しき壮夫』になったと記されている。これは、オオクニヌシが死によって、少年から青年に成長したことを意味する」

そう語るのは佛教大の斎藤英喜教授（神話伝承学）である。斎藤氏は、古事記の中の出雲神話にはシャーマニズムの影響があると指摘する。

特殊な霊能力を持つとされるシャーマンは山や僻地《へきち》にこもり、世俗との関係を断って修練することで、世俗的な自分は死に、特殊な力を得て生まれ変わると信じていた。オオクニヌシの死と再生は、こうした風習が出雲にあったことを伝えていると、斎藤氏は言う。

さらに注目したいのは、稲羽で白兎を助けたオオクニヌシが蒲《がま》の花粉を使う医薬知識を持っていたことだ。二人の女神が秘薬でオオクニヌシを救うストーリーも当時の先進地、出雲との関連性を伝える内容になっている。

オオクニヌシが難を逃れた根堅州国は、黄泉《よみ》の国と入り口は同じだが、イザナミノミコトがウジにたかられていたような恐ろしい雰囲気はない。斎藤氏は、古事記編纂《へんさん》当時の人々が死後の世界観を二つ持っていたと推測している。

「一つは二度と生き返ることのできない汚れた国。もう一つは再び生まれ変わることができる世界。黄泉の国は前者、根堅州国は後者として語られている」

オオクニヌシは生まれ変わりのかなう世界で、須佐之男命の試練に耐える。それはそのまま、かつて出雲の地を平和に導いた須佐之男命の後継者になる道だったように読める。古事記にはオオクニヌシを須佐之男命の六代後の神という記述もある。そのうえに娘婿になるオオクニヌシに、須佐之男命はこう言う。

〈其の汝が持てる生大刀・生弓矢以ちて汝が庶兄弟は、坂の御尾《みお》に追ひ伏せ〉

オオクニヌシが持って逃げる神宝で兄たちを討て、と命じたのである。さらに「大国主神」となって、宇迦の山の麓（出雲大社の北東、御崎山の麓）に宮殿を建てて住めと言い渡す。国造りが出雲から始まる理由を、古事記は念入りに描いている。

交流力が支えた国造り

オオクニヌシの恋物語

「お前は大国主神となり、わが娘を正妻とし、宇迦《うか》の山の麓で、岩盤に宮殿の柱を太く立て、千木を空高くそびえさせて住むがよい。こいつめ」

須佐之男命《すさのおのみこと》の命に従う形で出雲の宇迦に住み、スセリビメを正妻としたオオクニヌシノミコトは国造りに着手する。最初に訪れたのは越国（北陸）。賢く美しい女性がいると聞き、ヌナカワヒメの家に通って求婚した。

その後も宗像（福岡県）の奥津宮のタキリビメや、カムヤタテヒメ、トトリノカミらとも結ばれる。スセリビメは激しく嫉妬し、白兎の予言でオオクニヌシと結ばれたヤカミヒメはそれを恐れ、子供を残して稲羽に帰る。

オオクニヌシは、各地の女神を盛んに娶《めと》って子孫を増やす一方で、出雲の沖の海から現れたスクナビコナノカミらと協力し、国造りを進める。

国造りの主人公、オオクニヌシが宮殿を構えた「宇迦の山の麓」。出雲には現在、その名の山はない。ただ、出雲大社や日御碕がある島根半島の西端部から東へ十数キロに連なる山塊の周辺に、その地名がいくつかあり、山塊の南麓に広がる出雲平野が、国造りの中心地だったと推測できる。

古事記のオオクニヌシの物語は、兄の八十神《やそがみ》を討った後、突然調子を変え、歌を満載した恋物語になる。

「古事記には国造りの制度的な話は一切、登場しません。オオクニヌシは北陸や北九州など日本海沿岸の地域を訪れ、その先々の女神と結婚するのです」

島根県文化財課古代文化センター専門研究員の野々村安浩氏（古代史）が話すように、オオクニヌシの国造りとは恋だった。そのための移動距離はすさまじいばかりである。

「王自らが船に乗って精力的な交流をしていたことを、古事記は物語っているのかもしれません」

古代出雲の盛んな交流・交通は、弥生時代の考古資料も雄弁に語っている。

江戸時代の寛文五（一六六五）年、出雲大社のすぐ東にある命主社《いのちぬしのやしろ》の背後の遺跡で、翡翠《ひすい》の勾玉《まがたま》と銅戈《どうか》が出土した。翡翠はヌナカワヒメの出身地、新潟県糸魚川産と考えられている。銅戈は北部九州に多く分布する武器型の青銅器。北九州はタキリビメの住む地である。

こうした出土品は、オオクニヌシの恋の成就がそのまま、その女神の地の支配権を得ることだったことを示している。

ただし、そうした国造りは正妻、スセリビメの激しい嫉妬を招いた。

〈我が大国主　汝こそは男にいませば　うち廻る嶋の埼々《さきざき》　かき廻る礒の埼落ちず　若草の妻持たせらめ　我はもよ女にしあれば　汝を除《き》て男は無し　汝を除て夫はなし〉（わがオオクニヌシよ　あなたは男でいらっしゃるから　ぐるりと巡る島の崎々に　磯辺の岬のどこにでも　妻をお持ちになっておられましょう　でも私は女　あなたのほかに夫はいないのです）

オオクニヌシへの嫉妬と愛が伝わるスセリビメの歌である。ヒメの嫉妬をかきたてたともいえる勾玉や銅戈は今、出雲大社に隣接する島根県立古代出雲歴史博物館に展示されている。

弥生時代後期から末期にかけて、出雲平野を見渡す高台に、当時としては最大級の王墓が次々に造営された。西谷墳墓群（島根県出雲市）。四角形の墳丘の四隅がヒトデのように張り出す「四隅突出型」といわれる墳墓で、強大な力を持った王の存在を示唆する。

「しかし、こうした富と権力を生み出す広大な穀倉地帯は、当時の出雲にはなかった」

そう指摘するのは、同墳墓群に隣接する出雲弥生の森博物館の渡辺貞幸館長（考古学）である。

「山陰は大きな河川が別々に日本海に注ぐ。いくつもの河川が広大な平野に流れ込む地域と違って、諸勢力が統一して上位の権力を生み出すような契機は生まれにくい」

しかも、弥生〜古墳時代の出雲平野の面積は現在の半分ほどだったことが、島根大汽水域研究センターの調査で判明している。こうした地理的制約のなかで、なぜ出雲は繁栄したのか。その答えのヒントになるのが、同墳墓群の西谷3号墓から見つかったコバルトブルーの勾玉など多種多様なガラス製品で、シルクロードを経て入手したと考えられる。

「当時の出雲には外交が得意な王がいたと考えられます」と渡辺氏。オオクニヌシの恋物語は、出雲の政治力を暗示するものでもあるのだ。

国譲り後も「支配」宣言

オオクニヌシの交渉力

オオクニヌシノミコトが国造りした葦原中国《あしはらのなかつくに》は、天照大御神《あまてらすおおみかみ》の子が治めるべきだ。そう考えた高天原《たかまがはら》は使者を遣《つか》わす。最初の使者、アメノホヒノカミはオオクニヌシの人柄に使命を忘れる。二度目の使者、アメノワカヒコはオオクニヌシの娘を娶《めと》り、葦原中国を支配しようとして、アメノワカヒコへの使者の雉の鳴女を殺害。神罰を受けて絶命する。

高天原はついに、武神であるタケミカヅチノカミを派遣。オオクニヌシは二人の息子の意見に従うと答える。コトシロヌシノカミはすぐに同意するが、もう一人の息子のタケミナカタノカミは拒み、力比べを挑んだ末に屈服し、国譲りを承諾する。

オオクニヌシは最後に、国譲りの条件を出す。宮柱を太くし、大空にそびえる神殿を望むというもので、それが出雲大社とされ、平安時代でも四八メートルの高さがあったという。

出雲大社から西へ一・五キロ。タケミカヅチが舞い降り、オオクニヌシに国譲りを迫った稲佐の浜は、オオクニヌシが望んだ神殿のすぐそばにある。

国譲り神話は一見、高天原が身内の裏切りとオオクニヌシの交渉上手に手こずった末に、最後は武力で威嚇して譲歩させたように読める。ならば、交渉成立後も緊張感が残っているはずで、オオクニヌシの本拠地ともいうべき地に神殿を造ることを、高天原はなぜ認めたのだろうか。

この疑問について、『ふるさと読本　いずも神話』に興味深い記述がある。同書は平成十七年、島根県教育庁が県内の子供向けに発行した副読本である。

〈国譲りのもつ意味については、出雲と大和の戦いの反映ではないかという説もありますが、『古事記』の神話を作品に即して読む限り、オオクニヌシは、国を譲らざるを得なかったので

す〉

出雲では、平和裏に、しかも道義的に国譲りが行われたと見ており、それを学校で教えているのである。

「古事記を読めば、オオクニヌシは何度も高天原の支援を受けていることがわかる。その結果、国造りができたのだから、要求されれば譲らざるを得なかったと思います」

そう語るのは島根県立古代出雲歴史博物館の森田喜久男・専門学芸員である。支援の一つはオオクニヌシがオオアナムヂノカミと名乗っていたころ、死から蘇生させてもらう形で受けた。

稲羽（因幡）の白兎の予言でヤカミヒメを得たオオアナムヂは、兄の八十神《やそがみ》たちの嫉妬を買い、灼熱の岩を受け止めて焼け死ぬ。悲しんだ母神が高天原に救済を訴えると、カムムスヒノミコトはキサカヒヒメとウムカヒヒメを遣わし、貝殻や貝汁を使って蘇生させた。

古事記のストーリーはその後、須佐之男命《すさのおのみこと》が与える試練に耐え抜いたオオクニヌシが、須佐之男命の娘、スセリビメを伴って出雲の宇迦《うか》に帰り、八十神を退ける成功物語として展開する。

森田氏が注目するのは、さらにその後だ。オオクニヌシの国造りの相棒としてスクナビコナノカミが海の彼方から現れるが、その正体を尋ねられたカムムスヒはこう答える。

〈此は実《まこと》に我が子なり。子の中に、我が手俣《たなまた》よりくきし子なり〉

あまりの小ささに、手の指の間から漏れこぼれた我が子だと言ったうえで、兄弟となって国を造り、固めよと命じるのである。この小さな神の登場があって初めて、オオクニヌシの国造りは進展する。

「だから私は、オオクニヌシの国造りは、高天原の意図と発注で行われたと考えています。出来上がれば、所有が発注者に移るのは自然の流れでしょう」

オオクニヌシが国譲りの最後の条件とし、建てられたのが古代出雲大社とされる。オオクニヌシが求めたのは、国を譲られて統治する天つ神の子孫の宮殿に見劣りしない壮麗さだった。それと同時に、オオクニヌシはこう言っている。

〈僕は百《もも》足らず八十《やそ》坰手《くまで》に隠りて侍《はべ》らむ〉

目に見える世界は天孫に譲るが坰に見えない世界は自分が支配するという宣言である。

「目に見えない世界を死後の世界とする解釈もあるが、もっと広範なものを意味していると思う。例えば人と人を結ぶ縁などを意識した言葉でしょう。オオクニヌシはどこまでもしたたかです」

森田氏はそう話す。オオクニヌシが幽《かく》れたる神事を司り、出雲大社が縁結びの社として信仰されるゆえんである。

偉大さ伝える「四拍手」

大遷宮を待つ神

度重なる使者の派遣と交渉の末に、オオクニヌシノミコトから葦原中国《あしはらのなかつくに》を譲り受けた天照大御神《あまてらすおおみかみ》は、孫のニニギノミコトを遣《つか》わす。ニニギは八柱の神とともに九州・高千穂に降臨。古事記はその後、九州や中国、畿内などの記述が増え、出雲は神話と歴史の表舞台から消える。

しかし、オオクニヌシを祭る出雲大社（島根県出雲市）は現代に至るまで、篤《あつ》い信仰を集め、平成二十五年五月十日には、六十年ぶりの「大遷宮」が行われた。

天にそびえるような漆黒の千木《ちぎ》、葺《ふ》き替えられた檜皮《ひわだ》の屋根など真新しくなった本殿へ、一時的に仮殿（拝殿）に移されていたご神体が再び戻った。

今回は「平成の大遷宮」として平成二十年に始まり、本殿の屋根の葺き替えには檜皮約六十四万枚を使用。今後も二十八年まで、社殿や鳥居などを対象に改修が続けられる。

〈底つ石根《いわね》に宮柱ふとしり、高天原《たかまがはら》に氷木《ひぎ》たかしりて治めたまはば〉（地底の磐《いわ》の上に宮柱を太く立て、高天原に届くほどの千木《ちぎ》を高々とそびえさせた神殿をつくってもらえば）

高天原を治める天照大御神に対して、オオクニヌシが国譲りの条件として出したのが高層の神殿だった。これが現在の出雲大社の本殿とされ、神社建築では最も高い二四メートル。平安時代には現代の二倍の四八メートルを誇り、「天下無双」といわれた。

出雲大社の境内図

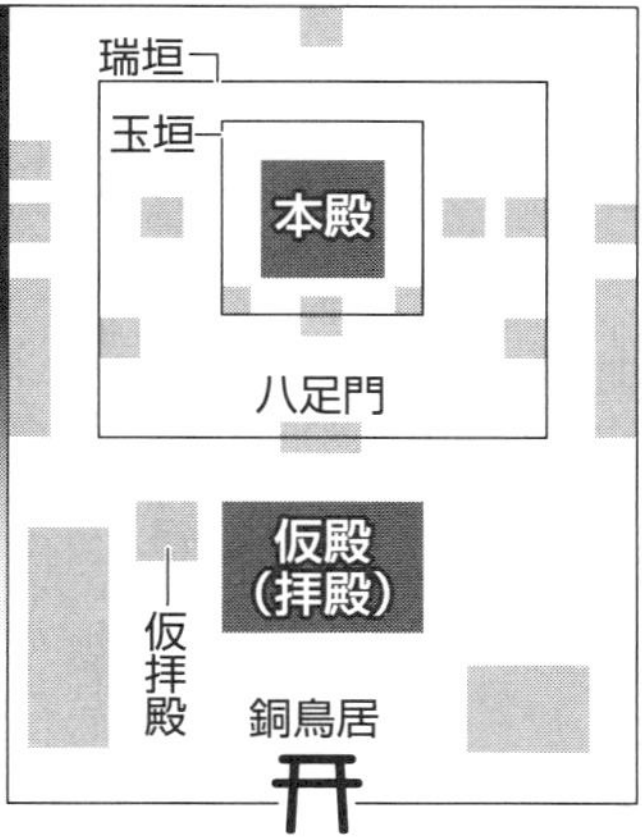

この高さが実際にあったことを証明したのが、平成十二年に本殿南側で発掘された巨大柱だ。直径一メートルほどの柱三本が束ねられた状態で出土し、高層建築だったことがわかった。

「国譲りに際して巨大神殿を建てた神話があったからこそ、平安時代の人々が高さを追求した状況が伝わってくる」

島根県文化財課の松本岩雄専門官はそう語る。境内を描いた最古の絵図とされる鎌倉時代の

「出雲大社并神郷図《ならびにしんごうず》」（国重要文化財）では、ひときわ高い本殿は、現在の白木ではなく、柱が朱色に描かれている。研究者の間では、真偽が議論されていたが、この時の発掘調査で、柱に赤色顔料の痕跡があることも確認された。

京都大の上田正昭名誉教授は「朱色の建物は、天皇が国家的儀式を行った大極殿など、極めて重要な施設に限られる」と指摘。「出雲大社が日本一の高さで朱色だったことは、オオクニヌシがいかに特別な神としてあがめられていたかを如実に示す」と話す。

〈豊葦原《とよあしはら》の千秋長五百秋《ちあきながいほあき》の水穂国《みずほのくに》は、いたくさやぎてありなり〉（作物が豊かで稲が盛んに実る下界は、ひどく騒がしい）

オオクニヌシが開拓した地上界を、古事記はそう記している。統一と統治の難しさを示す記述で、国造りがいかに困難だったかは、オオクニヌシの名前の多さも示している、と上田氏は言う。

〈大国主神、亦《また》の名は大穴牟遅神《おおあなむぢのかみ》、亦の名は葦原色許男神《あしはらしこおのかみ》、亦の名は八千矛神《やちほこのかみ》、亦の名は宇《う》都《つ》志国玉神《しくにたまのかみ》といい、あわせて五つの名あり〉

「『名は体を為《な》すなり』という。五つも名前があるのは、オオクニヌシがいかにたくさんの仕事をされたかを示している」

オオクニヌシの偉大さ、特別ぶりは、出雲大社の参拝方法にも見られる。一般的な「二拝二拍手一拝」ではなく、「二拝四拍手一拝」。明治時代、新政府が神道を整備する際、各神社でまちまちだった参拝方法を統一したが、出雲大社は「四拍手」を守った。

皇室の祖先神・天照大御神を祭る伊勢神宮（三重県伊勢市）も祭典など正式な場合は「八《はち》度《ど》拝《はいや》八《ひら》開《で》手」となる。「出雲大社と伊勢神宮が伝統を守ることができたのは、オオクニヌシ、天照大御神という特別な神様をお祭りしていたからだろう」と上田氏は話す。

天上界を治める天照大御神に対し、オオクニヌシは幽《かく》れたる世界を司る。「この二神があってこそ世界が成り立つ」と上田氏。伊勢神宮の式年遷宮は天照大御神が若返る「常若《とこわか》」、よみがえりを意味する出雲大社の遷宮は、兄の八十神《やそがみ》に殺される度に蘇生したオオクニヌシの姿に通じる。

六十年前の遷宮は昭和二十八年、戦後の復興期だった。今回は東日本大震災から三年目。それも式年遷宮と重なる。「よみがえりを意味する遷宮を通じて、人々が再び立ち上がることを祈りたい」。

◆第六章

ヒメたちの物語

古事記に登場する女神やヒメ。
現代人の琴線に触れる女性の物語を読み解く

オトタチバナヒメのレリーフ
＝神奈川県横須賀市の走水神社

清らか 女性を神聖視

宗像三女神

イザナキノミコトの神生み神話で生まれた三貴子のうち、海原を治めるよう命じられた須佐之男命《すさのおのみこと》は母、イザナミノミコトを懐かしんで泣いてばかりいたため、父に追放される。

別れを告げるために、姉の天照大御神《あまてらすおおみかみ》が治める高天原《たかまがはら》に上ると、高天原を奪いに来たと疑った天照大御神は武装して迎えた。

潔白を証明するため、須佐之男命は生んだ神を比べる「誓約《うけい》」を申し出る。まず、天照大御神が須佐之男命の帯びる十拳《とつか》の剣をかみ砕くと、タキリビメノミコト、イチキシマヒメノミコト、タキツヒメノミコトの女神三柱が生まれた。

須佐之男命が天照大御神の勾玉《まがたま》をかみ砕くと、五柱の男神が生まれた。天照大御神は「自分の勾玉から生まれたのだから男神は自分の子」と言い、須佐之男命は「自分の剣から生まれたのは女だから疑念は晴れた」と主張した。

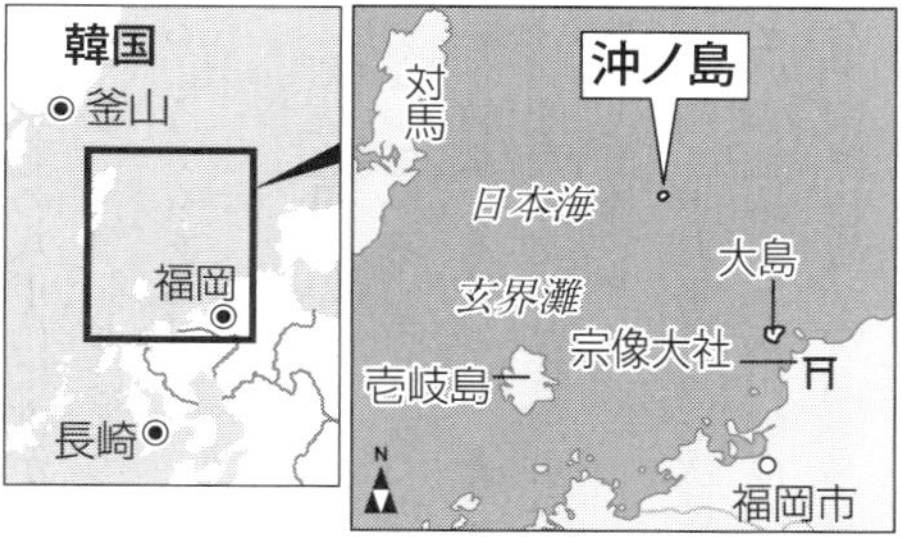

〈我《あ》が心清く明《あか》きが故《ゆえ》、我が生める子、手弱女《たわやめ》を得つ。此《これ》に因《よ》りて言はば、自《おのづか》ら我《あれ》勝ちぬ〉

須佐之男命は、そう言い放って天照大御神との誓約に勝ったと宣言する。自らの心が清らかだから女神が生まれたという主張は、女性に対する日本人の見方の原形を示しているようで興味深い。

　古事記が描く誓約の物語で、より重要なのは、須佐之男命の宣言の前に天照大御神が言う言葉である。共に神生みした直後、天照大御神はこう言う。

〈後に生《あ》れし五柱の男子は、物実《ものざね》我が物に因り成れり。故自ら吾が子なり。先に生まれし三柱の女子は、物実汝《な》が物に因り成れり。故汝が子なり〉

　この「子別け」によって、天照大御神が自らの子とした男神の中に、後に葦原中国《あしはらのなかつくに》（地上界）に使わそうとしたアメノオシホミミノミコト、つまりは天孫降臨して天皇家の始祖となったニニギノミコトの父がいる。誓約の物語は、天照大御神が皇祖神であることを示すものなのだ。

るようでもある。
古事記の八年後に書かれた日本書紀では、誓約の物語は素戔嗚尊《すさのおのみこと》が「子が男だったら清い心」と、古事記とは逆の仮定を立てたと書いている。男性天皇の神格化を進める意図が見え

須佐之男命の子となった女神三柱は、宗像《むなかた》三女神として宗像大社（福岡県宗像市）の祭神となっている。古代からの祭祀《さいし》の場の中心は、玄界灘の中央に浮かぶ沖ノ島だ。

「不言様《おいわずさま》とも呼ばれ、そこで見聞きしたことを言ってはならない禁忌がありました」

宗像大社文化財管理事務局の福嶋真貴子・学芸員がそう言うように、沖ノ島は神秘のベールに包まれてきた。

昭和二十九年から三次にわたって現地調査が行われ、岩陰などに置かれた三角縁神獣鏡などの奉献品が、大和政権の第一級古墳の副葬品に匹敵するものとわかった。カットグラス碗など国際色豊かな品も多数見つかり、約八万点が国宝に指定された。「海の正倉院」と呼ばれるゆえんである。

「沖ノ島の祭祀は四世紀後半から始まり、大和政権が海外交渉を始める時期と一致する」と福嶋氏は指摘する。その交渉の難しさを福岡教育大の元教授、亀井輝一郎氏（日本古代史）はこう想像する。

「玄界の荒海は渦を巻いて流れ、深い霧を生み、船人を死の淵《ふち》に誘うこともあった。霧を

突っ切ったとき、眼前に現れる沖ノ島は心休まる灯台だったはずです」

こうした心理は宗像三女神の名に込められている、と亀井氏は言う。

「タキリは海上の霧、イチキシマは『斎《いつ》く島』で神を祭る島、タキツは水流の勢いが激しく、逆巻く様子を擬人化したのでしょう」

亀井氏が説くのは、宗像三女神が、航路の守護神として国家的に祭られていたという見方である。


〈此の三柱の神は胸形君等《むなかたのきみら》が以《も》ちいつく三前《みまへ》の大神ぞ〉

誓約の物語で古事記は、宗像三女神を祭るのは在地豪族の胸形君であると書いている。宗像三女神の名が再び古事記に現れるのは、須佐之男命の六代後の子孫で、国造りを進めるオオクニヌシノミコトの物語で、である。

〈大国主神、胸形の奥津宮《おきつみや》（沖ノ島）に坐《いま》す神、多紀理毘売命《たきりびめのみこと》を娶《あ》ひて生みませる子…〉

各地の女神と盛んに関係を結ぶオオクニヌシの相手として、タキリビメが登場する。清らかなる女性と結ばれることは、その地を手に入れることだったのである。

恋多き夫を慕う女心

妻の嫉妬

国造りしたオオクニヌシノミコトと、聖帝といわれる十六代仁徳天皇は古事記では共に、恋多き男として描かれている。その妻のスセリビメとイハノヒメが嫉妬に苦しむ様子も、古事記は余すところなく描く。

須佐之男命《すさのおのみこと》の娘だったスセリビメは、オオクニヌシと目を交わしただけで結ばれた。その後は父が与える試練からオオクニヌシを救い、一緒に地上界に戻る。嫉妬深く、もう一人の妃《きさき》だったヤカミヒメは、わが子を残して郷里に帰ってしまうほどだった。オオクニヌシが新たな妃を求めて、越（北陸）のヌナカワヒメを訪ねた際には、情感あふれる歌で夫の心を取り戻した。

仁徳天皇の妻イハノヒメは、吉備のクロヒメを天皇が召し上げると激高。船で郷里へ帰ろうとするヒメを天皇が悲しんで歌を詠むとさらに怒り、ヒメを船から降ろして歩かせた。天皇がヤタノワカイラツメと結婚すると、山代（京都）に引きこもり、天皇が迎えに来るまで戻らなかった。

国造りの神や天皇の妻という、ファーストレディーの立場にあるスセリビメとイハノヒメ。古事記は二人を、「良妻賢母」とはほど遠い極めて感情の起伏が激しい女性として描く。

〈ヤカミヒメ、嫡妻《むかひめ》スセリビメを畏《かしこ》みて、その生める子は木の俣《また》に刺し挟みて返りき〉

ヤカミヒメは、稲羽（因幡）の白兎の予言でオオクニヌシと結ばれたヒメである。そのヒメが、スセリビメを恐れてわが子を残して稲羽に逃げ帰った逸話は、スセリビメの異常なまでの嫉妬深さを物語るに十分だ。

この激情の裏に、三貴子と呼ばれた須佐之男命という父の存在があった可能性を指摘するのは、奈良県立万葉文化館の井上さやか主任研究員だ。

「立派な出自を持つスセリビメにとって、身分の劣る別の女性の存在は許せなかったのでは。スセリビメは、初めて会ったオオクニヌシとすぐ結婚するなど、人生を自分で決める、とても強い人。他の妃を排除したのは、自らの前途の障害になると考えたからかもしれません」

古事記は、スセリビメの別の面もうかがわせる。
〈我はもよ女《め》にしあれば　汝《な》を除《き》て男は無し　汝を除て夫はなし…〉（女性である私には、あなた以外に男はいません。ほかに夫はいないのです）
恋多き夫、オオクニヌシを待つ切ない思いを託し、その心を取り戻した歌である。「神話の中に見事に夫婦愛が語られている。大好きな歌です」と京都大の上田正昭名誉教授は言う。
古事記は決して、嫉妬心だけを描いたのではなかった。
〈天皇の使はしし妾《みめ》は、宮の中をえ臨まず〉（イハノヒメの嫉妬を恐れ、仁徳天皇の妃たちは宮殿の中をうかがい見ることもできなかった）
古事記ではこのように、スセリビメ以上に嫉妬深いとされたイハノヒメも、万葉集に残る歌をひもとくと、意外な一面が見えてくる。
〈かくばかり　恋ひつつあらずは　高山の　磐根《いわね》し枕《ま》きて　死なましものを〉（こんなに恋に苦しんでいないで、高い山の岩を枕として死んでしまいたい）
「死も厭《いと》わないほど天皇を慕う心の切なさが伝わってくる。古事記だけでは想像できない、けなげな女性像が浮かんできます」と井上氏。「どちらが本当のイハノヒメかわからないぐらいです」

それでも古事記はスセリビメとイハノヒメについて、あえて同じ言葉でこう表現する。

〈いたく嫉妬《うわなりねたみ》したまひき〉

「うわなりとは後妻のこと。正妻であるスセリビメやイハノヒメが後妻を妬むことを古事記はそう書いた」

　現代では相手を特定せずに使われる『嫉妬』にはもともと、こうした意味があった、と上田氏は解説する。

　感情の激しさをことさら強調される二人に共通するのは、夫が偉大な人物だったことだ。

「貴様が大国主神となり、国を治めよ」。須佐之男命から命じられたオオクニヌシは、出雲を拠点に国造りに取り組んだ。仁徳天皇も、農業や治水、難波の堀江という運河や港を築いて国土を整備した。民の家からかまどの煙が上がっていないのを知ると税を免除し、「聖帝」と呼ばれた。

「当時は一夫多妻制。天皇中心の古事記では、嫉妬深い妻や大勢いる妃をうまくまとめる様子を書くことで天皇の徳の高さを示そうとした」と井上氏。仕事師のオオクニヌシ、仁徳天皇とともに歩んだ二人の女性は、偉大な聖君の引き立て役にもなっている。

美醜の姉妹が紡ぐ伝承

象徴・富士山

天照大御神《あまてらすおおみかみ》の弟、須佐之男命《すさのおのみこと》の命を受けて国土を開拓したオオクニヌシノミコトは、高天原《たかまがはら》の神々に国譲りして黄泉《よみ》の国へ去る。天照大御神は孫のニニギノミコトを地上界に送り、日向の高千穂峰への天孫降臨が行われた。

ニニギは地上界で、美しいコノハナノサクヤビメと出会う。父のオオヤマツミノカミに結婚を申し入れると、姉のイワナガヒメと一緒に差し出された。ニニギは、容姿が醜い姉を送り返した。オオヤマツミは「イワナガヒメを送ったのは、雪が降り、風が吹いても岩のように永遠に揺るがず、サクヤビメを差し出したのは、花が咲き誇るよう栄えることを願ったためだったのに」と嘆いた。

サクヤビメはその後、三人の子を産み、その一人、ホオリノミコト（ヤマサチビコ）の孫が初代神武天皇になるが、イワナガヒメを返したことで、歴代天皇には寿命ができた。

「富士山の日」とされる二月二十三日、平成二十五年には伊豆半島南西端の小さな集落で、趣の変わった神事が営まれた。イワナガヒメを祭る雲見《くもみ》浅間《せんげん》神社のある静岡県松崎町で、妹のサクヤヒメとの仲直りを願う神事が初めて行われたのだ。

古事記編纂《へんさん》から千三百一年。「お二人は不幸にして仲を引き裂かれてしまったが、そろそろ仲直りされてはいかがでしょうか」。高橋清英・宮司は、姉妹の心を解きほぐすよう心を込めて祝詞《のりと》を奏上した。

〈その姉はいと凶醜《みにく》きに因《よ》り、見畏《みかしこ》みて返し送りたまふ〉

古事記は、ニニギがイワナガヒメの容貌に恐れをなして送り返したと記す。「イワナガヒメはさぞ恨めしく思ったかもしれないが、もともとは仲のいい姉妹だったはず」と高橋氏。「神事はとても心温まるものでした」と語る。

〈邇邇芸能命《ににぎのみこと》、笠沙《かささ》の御前《みさき》（鹿児島県）に麗《うるわ》しき美人《おとめ》に遇《あ》ひたまひき。「誰が女《むすめ》ぞ」と問ひたまへば、「大山津見《おおやまづみ》の女、名は木《この》花《はな》之佐久夜毘売と謂う」とまをしき。「汝《いまし》の兄弟《はらから》ありや」と問

ひたまへば、「我が姉、石長比売《いわなが》あり」と答へ白《まお》しき〉

ニニギ、サクヤビメ、イワナガヒメの出会いの舞台は、天孫降臨の地である南九州。古事記は、姉妹と富士山や伊豆との結びつきに触れていない。にもかかわらず、サクヤビメも富士山などに祭られている。なぜこの地なのか。

「日本で最も美しいコノハナノサクヤビメには、日本一の秀峰、富士山こそふさわしい。このようにも伝えられています」

富士山南西麓に鎮座する富士山本宮浅間大社（静岡県富士宮市）の権禰宜《ごんねぎ》、福井宏和氏はそう話す。ただし、サクヤビメは美しいだけではなかった。

〈吾《わ》が妊《はら》める子、若《も》し国つ神の子ならば、産む時幸《さき》くあらじ。若し天つ神の御子ならば、幸くあらむ〉（もしあなたの子でなければ無事に生まれない。あなたの子なら無事でしょう）

一夜の契りで身ごもったことに疑心を抱くニニギに対し、サクヤビメは毅然《きぜん》として言った。

古事記はさらに続ける。

〈産む時にあたりて火をその殿につけて産みき。火の盛りに燃ゆる時に生みし子の名は、火照命《ほでりのみこと》〉

サクヤビメは自ら潔白を示そうと、出産する時に産殿《うぶや》に火をつけ、燃えさかるときにホデリノミコト（ウミサチビコ）らが生まれたと記す。美しさの奥に秘められた炎のような激しい感情を持つ美女。その姿は、秀峰であると同時に活火山でもある富士山と重なり合う。

「コノハナノサクヤビメが富士山に祭られたのは、噴火を鎮めるためでもあった」と福井氏。火中での出産神話で、火に強い神としても信じられたのだ。

イワナガヒメが祭られた雲見浅間神社は、富士山から約七〇キロ南の烏帽子《えぼし》山にあり、山頂には小さな本殿がある。

山頂から富士山を見て、その美しさをたたえると、イワナガヒメが嫉妬して下山のときにけがをする——。地元にはそんな伝承がある。烏帽子山の標高はわずか一六二メートル。富士山（三七七六メートル）との差は、姉の悲哀を物語るようだ。

しかし、決して影の存在ではないと高橋氏は言う。海面から屹立《きつりつ》する絶壁の烏帽子山には、神様が宿ると信じられてきた。「昔の人は、この神聖な山に気の毒なイワナガヒメを温かく迎えた。そんな優しさを持っているのが日本人なんです」

優しさと厳しさを併せ持つ日本の象徴、富士山は平成二十五年六月、世界遺産に登録された。

神武帝が受け継いだ愛

浦島伝説の原形

コノハナノサクヤビメが産んだヤマサチビコは、兄のウミサチビコの釣り針をなくして責められ、海辺で泣いていた。そこへシオツチノカミ（潮の神）が現れ、ワタツミノカミ（海神）の国の宮殿に導いた。

ヤマサチビコはワタツミの娘、トヨタマビメと結ばれ、三年を過ごした後に故郷に帰る。身ごもっていたヒメは後を追い、兄との争いに勝ってその地を治めていたヤマサチビコの許《もと》で出産する。その際、鵜の羽根で葺《ふ》いた海辺の産屋にこもり、決して中を見ないように言った。

ヤマサチビコが中をのぞくと、ヒメはわに（鮫）の姿で出産していた。恥じたヒメは海の国に帰り、残したわが子、ウカヤフキアエズノミコトの養育のために妹のタマヨリビメを遣わす。タマヨリビメはやがて、ウカヤフキアエズと結婚し、生まれた子の一人が初代神武天皇となる。

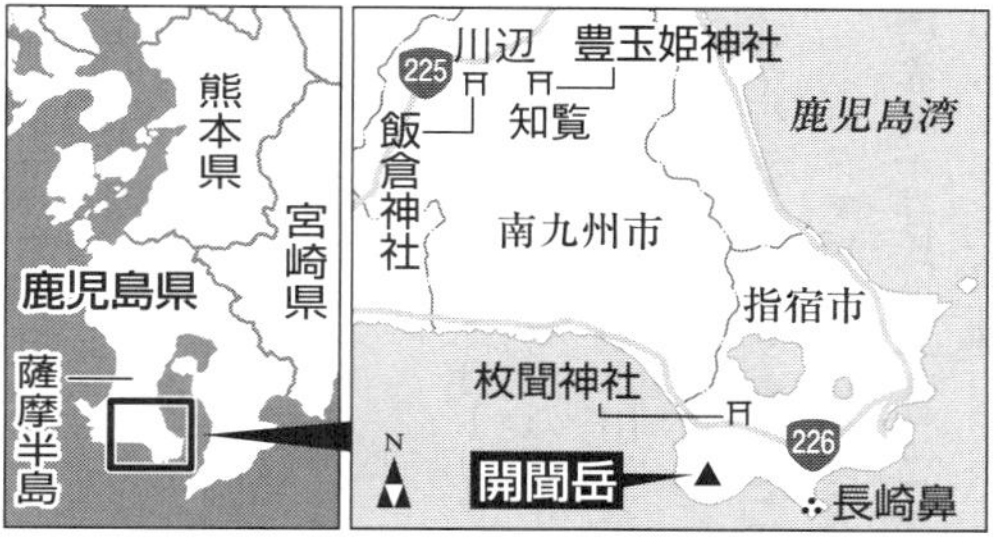

ヤマサチビコとトヨタマビメの恋物語は、浦島太郎伝説の原形となるものだ。となれば、ヤマサチビコが竹籠の小舟に乗せられて行った場所は竜宮ということになるが、シオツチノカミはその場所をこう説明している。

〈我、その船を押し流さば、やや暫《しま》らく往《ゆ》け。味《うま》し御路《みち》あらむ。すなわちその道に乗りて往かば、魚鱗《いろこ》の如く造れる宮室《みや》、それ綿津見神《わたつみのかみ》の宮ぞ〉

古事記の記述でわかるのは「良い海路の向こう」ということだけだが、天孫降臨の地、九州の伝承を頼りにその場所を探すと、薩摩半島の南端にそびえる開聞岳《かいもんだけ》（鹿児島県指宿市《いぶすき》）に行き着く。周辺は南国ムードの温泉地。海岸にはウミガメが産卵に訪れ、浦島太郎の竜宮伝説の地としても知られる。

「古代には噴煙を上げていたと考えられます。今は薩摩富士と呼ばれる秀麗な開聞岳も穏やかな姿ではなかった」

そう話すのは指宿市考古博物館の渡部徹也・学芸員。近くの遺跡からは、火山灰が入った地鎮用の壺《つぼ》も見つかっている。

開聞岳の麓にある薩摩一の宮、枚聞《ひらきき》神社には、琉球との交易を示す品々も残っている。近くには、ヤマサチビコとトヨタマビメが出会った「玉の井」の伝承地もある。

　薩摩半島の知覧地区にはトヨタマビメを祭る豊玉姫神社、川辺地区にはタマヨリビメを祭る飯倉神社がある。二社はわずか四キロしか離れておらず、地元にはこんな話が伝承されている。

〈ワタツミノカミはトヨタマビメに川辺を、タマヨリビメには知覧を治めさせようと考え、姉妹の行列は開聞岳の辺りから北に向かった。途中で一泊し、翌朝、活発で知恵のあるタマヨリビメは川辺が水田に富むことを知り、朝一番に馬で川辺に行った。のんびりした優しい気質のトヨタマビメは牛に乗って知覧に向かった。姉妹が泊まった地は「取違《とりちがい》」。それは姉妹が行き先を取り違えたことに由来する〉

「トヨタマビメの謙譲の美徳は、昔からこの地に根付いているんです」と、豊玉姫神社宮司の赤崎千春氏は話す。この伝承を知って古事記を読めば、神武天皇は祖母から優しさを、母から知恵を受け継いで生まれたことになって興味深い。

〈妾《あれ》は、恒《つね》に海の道を通りて往来《かよ》はむと欲《おも》ひき。然れども、吾が形を伺い見たまいし、是甚《これいと》怍《はづか》し〉

本来の姿での出産をヤマサチビコに見られたトヨタマビメは、こう言い残して海の国へ帰る。そして、産んだウカヤフキアエズノミコトの養育係として遣わす妹に、夫への歌を託す。〈赤玉は　緒さへ光れど　白玉の　君が装し《よそひ》　貴くありけり〉（赤玉は貫く緒まで光るほど美しいが、それにもまして、白玉のようなあなたの姿は立派で美しいものです）

ヤマサチビコは、答えて歌う。〈沖つ鳥　鴨著《ど》く島に　我が率寝《ゐね》し　妹《いも》は忘れじ　世の悉《ことごと》に〉（鴨の寄りつく島で私が共寝をした妻のことは忘れない。私の命がある限り）

二首は、互いに深い愛情を持ったままの離別であることを切なく伝える。タマヨリビメが甥《おい》のウカヤフキアエズを愛育し、その末に夫婦となる背景には、この姉への思いがあることを古事記は示唆している。

タマヨリビメはその後、四人の子を産む。神武天皇となるのは末っ子のイワレビコノミコトで、次男のイナヒノミコトは祖母が帰った海の国に行ったと記して、神話の時代を描く古事記上巻《かみつまき》は終わっている。

夫と兄…揺れる恋情

禁断の絆の悲劇

十一代垂仁《すいにん》天皇は、九代開化天皇の孫、サホビメノミコトを妻に迎えた。ヒメの同母兄、サホビコノミコトはある日、ヒメに「夫と兄、どちらをいとしく思うか」と尋ねる。ヒメが兄だと答えると、「二人で天下を治めよう」と持ちかけ、天皇が寝ている間に刺し殺すよう命じる。

ヒメは天皇を刺そうとするが、悲しみの気持ちがわいて断念。目覚めた天皇から「不思議な夢を見た。沙本（サホビコの本拠）の方から激しい雨が降ってきて、急に顔面をぬらした」と言われ、観念して陰謀を打ち明ける。天皇は怒り、サホビコ討伐に向かう。

ヒメは宮を出て、稲を積んで城柵を作ってこもるサホビコの元に駆け込んだ。妻を取り戻そうとして、攻めあぐねた天皇も、ヒメの決意が固いことを知り、サホビコを殺す。ヒメは身ごもっていた天皇の子を天皇に託し、兄の後を追った。

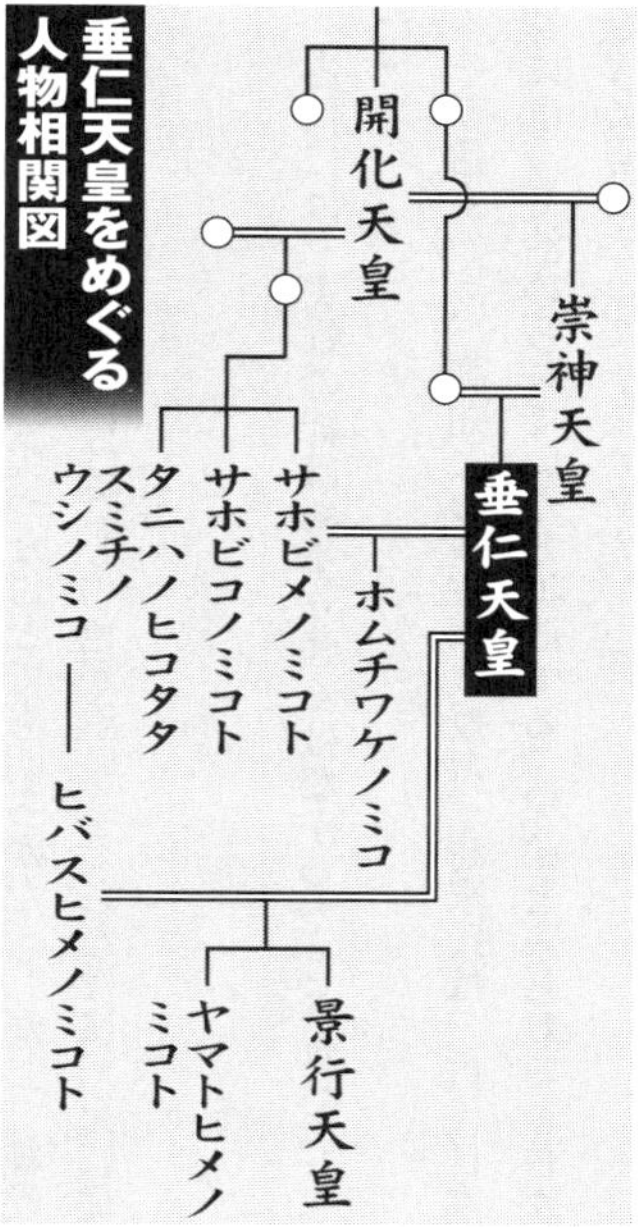

〈夫と兄といづれか愛《は》しき〉

同母妹のサホビメに、サホビコが問う場面は衝撃的である。ヒメが「兄ぞ愛しき」と答えると、兄はすかさず言葉を継いだ。

〈汝《いまし》まことに我を愛しと思はば、吾《あ》と汝と天の下治《し》らさむ〉

そして、天皇の寝首をかくように命じ、ひもの付いた小刀を与える。ヒメは、自分の膝枕で眠る天皇に三度、小刀を振り上げるが、刺せない。そこで目覚める天皇。古事記のこのくだりは、短い文章ながらも迫力がある。古事記は垂仁天皇の功績には触れず、この兄妹の話を大きく取り上げている。

　母が異なる男女の恋が許された古代でも、同母の兄妹が結ばれることは禁忌だった。それは、第十九代允恭《いんぎょう》天皇の皇太子だったキナシノカルノミコが、同母妹、カルノオオイラツメとの恋を選び、皇位を失ったことでも明らかだ。しかし、純愛を選んだカルノミコに比べると、サホビコの求愛には野心の色が濃い。それだけに、兄に従って果てたヒメの悲劇性が際立つ。

「古代には、夫婦の絆はあまり強くはなかったとされている。むしろ、兄弟の方が強かった」

そう話すのは、高知大の清家章教授だ。清家氏は、古代日本では、国は首長とその兄弟姉妹によって治められていたと推測する。兄弟とみられる遺体が一緒に埋葬されている古墳が数多く見つかっているためだ。

島根県立八雲立つ風土記の丘の本間恵美子所長は「戦争のない時代、国の長は男女の別なく、能力で選ばれていた。戦をするようになり、女性首長は消えていった」と話す。清家氏によれば、祭祀《さいし》は男女ともに行うことができたが、武力で勢力を拡大する時代になると、男が首長に選ばれるようになり、妹を補佐役に据えるなどした、という。

こうした統治体制を下敷きに古事記を読めば、サホビコ、サホビメの物語は禁断の恋物語ではなく、サホビコが皇后となった妹を利用して、天下を治めようとした謀反だったことがはっきり読み取れる。

〈吾はほとほと欺《あざむ》かえつるかも〉（私はあやうくだまされるところだった）

天皇はそう言うと、即座に追討軍を興《おこ》した、と古事記は記す。

〈此の時沙本毗売命《さほびめのみこと》、其の兄にえ忍《あ》へず〉（兄を思う心に耐えることができず）ヒメは恋情に駆られて宮廷を逃れ、兄の元に走った。その際にはすでに、天皇の子を身ごもっていたことが新たなドラマを生む。ヒメを愛する天皇は稲城を囲んだまま、攻めない。やがて皇子が生まれ、天皇は必死にヒメを説得する。その会話は現代風に直すと、次のようになる。

「子の名は母が付けるものだが、この子には何と名付けたらよいのか」

「城を焼く炎の中で生まれたので本牟智和気《ほむちわけ》と名付けてください」

「いかに育てたらよいのか」

「乳母をつけ、産湯を使わせる者を定めて養育してください」

この後の問答は、ヒメの芯の強さと賢明ぶりを雄弁に物語る。

〈汝《な》が堅めたるみづの小佩《をおび》は、誰か解かむ〉

〈旦波《たには》の比古多々須美智宇斯王《ひこたたすみちのうしのみこ》の女《むすめ》、名は兄比売《えひめ》・弟比売《おとひめ》、この二《ふたはしら》の女王は、浄《きよ》き公民《おほみたから》ぞ〉

天皇が「お前が結んだ私の下紐は誰がほどくのか」と最後の説得を試みると、ヒメは自分の後を託す姉妹の名を告げる。天皇は妻が戻らないことをここで悟るのである。ヒメの眼鏡にかなった姉妹の姉は後に、十二代景行天皇の母となる。

純粋な愛ゆえの献身

偉業 支えた妻

古事記が、夫の使命遂行を支えた妻として描くのはオトタチバナヒメノミコトとスセリビメだ。

オトタチバナヒメの夫は第十二代景行天皇の皇子、ヤマトタケルノミコト。ヤマトタケルは兄を残虐な方法で殺したことで、その気性を恐れた父に、西方に住むクマソタケルの討伐を命じられる。無事に任務を遂行して大和に戻ると、今度は東国の平定を命じられ、再び遠征する。

オトタチバナヒメは夫とともに従軍した。相模国から船で上総国に渡る際、荒波を収めるために海中に身を投げて命を落とす。

スセリビメは、根堅州国《ねのかたすくに》で父の須佐之男命《すさのおのみこと》がオオクニヌシノミコトに課す試練を克服するために知恵を貸す。試練をくぐり抜けたオオクニヌシは須佐之男命に葦原中国《あしはらのなかつくに》に戻って国造りをすることを認められ、スセリビメは正妻の座についた。

ヤマトタケルノミコトの東征では三人の女性が重要な役割を果たした。一人は伊勢で、草薙の剣を授けた叔母、ヤマトヒメノミコト。もう一人は尾張で、凱旋《がいせん》後の結婚を約束するミヤズヒメである。ヤマトタケルは、ミヤズヒメとの約束を果たした後、東征を支えた剣を残して伊吹山の神と戦い、落命する。ヒメは、ヤマトタケルの安堵と油断を象徴するような存在として、古事記には描かれている。

残る一人、オトタチバナヒメノミコトは唐突に、まさにヤマトタケルが生死の境をさまよう場面に登場する。荒れ狂う走水《はしりみず》の海で船の進退が奪われたとき、進み出て言うのである。〈妾《やつこ》、御子に易《か》はりて海の中に入らむ。御子は遣はさえし政《まつりごと》遂げ、覆奏《かへりごとまを》すべし〉（私が御子の代わりとなり海に入ります。御子は命ぜられた任務を成し遂げ、天皇にご報告なさいませ）

毅然《きぜん》と言い放つと、海面に菅の畳と皮の畳、絹の畳をそれぞれ八重に敷き、その上に下りていった。オトタチバナヒメが身を沈めると、荒波はうそのように収まった。

〈さねさし　相模の小野に　燃ゆる火の　火中に立ちて　問ひ

し君はも〉

辞世ともいえる歌も残した。東征の最初、相模で地元豪族に欺かれて火攻めにされた際、自分の身を案じて名を呼んだヤマトタケルへの感謝と愛情にあふれた歌だった。

オトタチバナヒメの献身は、古事記がそれを描いてから千二百八十六年後、脚光を浴びる。一九九八（平成十）年、インドで行われた国際児童図書評議会大会で皇后陛下が、幼少期にこの逸話と出合われたことにスピーチで触れられるのである。皇后陛下は、オトタチバナヒメがいけにえとなる運命を受け入れ、愛と感謝に満たされた瞬間を歌っていることに強い衝撃を受けたと語られた。

「愛と犠牲という二つのものが、私の中で最も近いものとして、むしろ一つのものとして感じられた、不思議な経験であったと思います」

古事記が、日本人の源流を伝えるものとして今も生きていることを、皇后陛下のお言葉は物語っていた。

古事記はさらに、命がけの献身に応えたヤマトタケルの行動も記している。

〈故七日の後に、其の后の御櫛《みくし》海辺に依《よ》る。其の櫛を取り、御陵《みさざき》を作りて治め置きき〉

悲しみの余り、七日間その場にとどまって流れ着いた櫛を見つけ、篤《あつ》く弔ってから、オトタチバナヒメが言ったように、父に命じられた東征を続けたのである。

嫉妬深い妻として描かれるスセリビメにも、オオクニヌシノミコトの国造りに貢献したという見方が、出雲にはある。嫉妬に困ったオオクニヌシが出雲から大和へ逃れようとした際の問答、あなたの他に私には夫はいない、という歌がオオクニヌシの心を動かしたからである。

「スセリビメがオオクニヌシを引き留めたことが、出雲の地で行われる国造りにつながったと読み取ることができる」

島根県立八雲立つ風土記の丘の本間恵美子所長はそう言う。

国造りを終えたオオクニヌシが、国譲りを迫る高天原《たかまがはら》の神々を迎えるのは出雲の稲佐の浜。日本中の女神と結ばれながら国造りしたオオクニヌシも、最後まで出雲を離れなかったことを古事記は記している。

「オトタチバナヒメもスセリビメも夫の偉業を支えた。それは、后としての使命感からではなく、夫の役に立ちたいという純粋な愛ゆえだったのでしょう」

皇統の危機で表舞台に

混乱期の〝女帝〟

二十代安康《あんこう》天皇が皇后の連れ子で従弟《いとこ》のマヨワノミコに暗殺されたとき、弟のオオハツセノミコト（二十一代雄略天皇）は兄のシロヒコノミコとクロヒコノミコを相次いで殺す。復讐《ふくしゅう》に動かないことに立腹してのことだ。

オオハツセはその後、兵を集めて重臣の元にかくまわれていたマヨワを討つ。さらに従弟のイチノヘノオシハノミコを狩りの際に射殺。オシハの子、オケノミコとヲケノミコは身の危険を感じて、地方に隠れた。十六代仁徳天皇の血脈を継ぐ唯一の皇子になったオオハツセは即位した。

雄略天皇の嫡男、二十二代清寧《せいねい》天皇は跡継ぎのないまま崩御した。大混乱した政権を一時預かったのはオシハの妹、イイドヨノミコだった。ほどなく、オケとヲケが播磨で見つかる。イイドヨは喜び、兄弟を皇位継承者として都に迎える。ヲケは二十三代顕宗《けんぞう》天皇、オケは二十四代仁賢《にんけん》天皇となる。

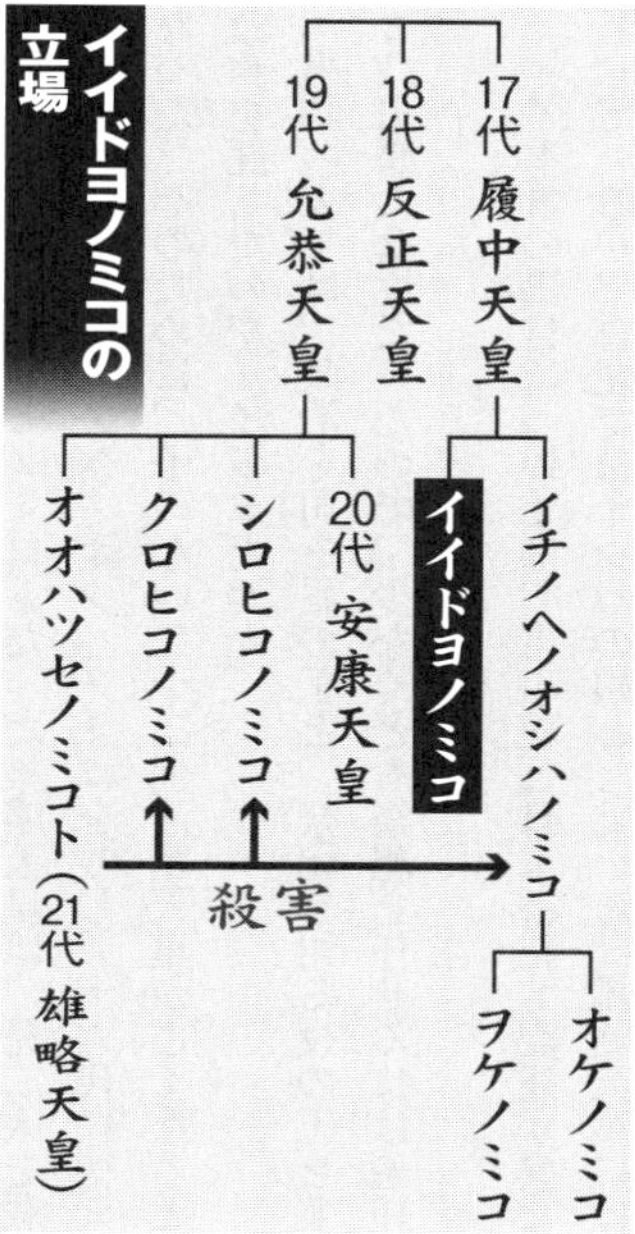

倭辺《やまとべ》に　見が欲しものは　忍海《おしぬみ》の　この高城《たかき》なる　角刺《つのさし》の宮

（大和に行ったらぜひ見たいものがある。それは高々とそびえる角刺宮だ）

当時の詞人《うたつくるひと》がそう歌った、と日本書紀に記されている角刺宮跡（奈良県葛城市）は近鉄御所線忍海《おしみ》駅にほど近い。今は角刺神社となっていて、イイドヨノミコが自らの姿を映したといわれる鏡池も残る。

「当時の忍海地域は葛城氏の拠点の一つ。渡来人が多く、先進的技術を持っていた」と葛城市歴史博物館の神庭滋・学芸員は話す。そこにいたイイドヨが政治の表舞台に立ち、住まいが宮と呼ばれるに至るのは、雄略天皇の野心で皇統が危機に瀕《ひん》したからだった。

兄の安康天皇が暗殺され

た後、まだオオハツセノミコトだった雄略天皇は、兄二人を殺害した。さらに十七代履中天皇の皇子だったイチノヘノオシハノミコを殺し、十六代仁徳天皇の系譜を継ぐ唯一の皇子になった。そのために、子のない二十二代清寧天皇が亡くなると、宮廷は混乱し、臣下たちが政務を託したのがイイドヨだった。

「当時の大王《おおきみ》は、政治を司《つかさど》る昼の王と、祭祀《さいし》を司る夜の王を兼ねねばならなかった。イイドヨは未婚の女性だったので、少なくとも祭祀を任せるには適任だったのでしょう」

イイドヨの出自については、古事記と日本書紀で記述が異なる。古事記では、オシハの妹としているが、書紀ではオシハの娘としている。雄略天皇には兄か父を殺されたことになるが、その悲しみや心境がうかがえる記述は、記紀のいずれにもない。あるのは皇位継承男子であるオケノミコ、ヲケノミコ兄弟が見つかったときの喜びようである。

〈是に其の姨飯豊王《をばいいとよのみこ》、聞き歓びたまひて、宮に上らしたまふ〉

古事記はその後、オケ、ヲケ兄弟が即位を譲り合う記述に移り、イイドヨの消息はぷっつり消える。書紀では、清寧天皇の存命中に兄弟が見つかるが、即位を譲り合うためにイイドヨが仕方なく政をして、その年のうちに崩じたと記する。いずれにしても、皇位の空白を埋める役割を果たし、その必要がなくなると足早に歴史から去っていく印象である。

イイドヨが日本最初の女帝にならず、その系譜が皇統にならなかった理由は、書紀にははっきり書かれている。

〈秋七月《ふみづき》に、飯豊皇女、角刺宮にして、與夫初交《まぐはひ》したまふ。人に謂《かた》りて曰《のたま》はく、「一女《ひとはしらをみな》の道を知りぬ。又安《いずく》にぞ異《け》なるべけむ。終に男に交《あ》はむことを願《ほり》せじ」とのたまふ〉

一度だけ男性と結ばれたが、その必要を感じなくなったというのである。夫も子もない皇女は、政権の緊急時のつなぎ役にはうってつけだったことだろう。


天皇に代わって政務を執り、外征まで行った女性に、清寧天皇の八代前、十四代仲哀《ちゅうあい》天皇の妻、神功《じんぐう》皇后がいる。皇后は、新羅遠征を命じた神意に従わなかったため九州遠征中に急死した天皇に代わって、新羅を降伏させた。九州に凱旋後に皇子、ホムダワケノミコトを産み、皇位をねらうホムダワケの異母兄らとの内戦にも勝って、ホムダワケを十五代応神天皇にした女性だ。

「皇后は軍務までしているが、お腹にいたときからホムダワケと一体だったことを古事記は強調している。まだ戦のあった時代には天皇は男性でなければならなかったのだと思う」

大阪市立大の毛利正守名誉教授はそう語る。日本での女帝誕生は世が治まったころ、三十三代推古天皇が最初になる。

第七章

天地を結ぶ地・伊勢

式年遷宮で新たな生命を宿した伊勢に
日本人の価値観の原点を探る

ツクヨミノミコトの和紙人形
＝三重県伊勢市の和紙人形作家・阿部夫美子氏作

和を尊ぶ「選ばれし神」

天照大御神【上】

黄泉《よみ》の国から帰ったイザナキノミコトが禊《みそぎ》をした際、天照大御神《あまてらすおおみかみ》、ツクヨミノミコト、須佐之男命《すさのおのみこと》の三貴子が生まれた。イザナキは天照大御神に高天原《たかまがはら》を、ツクヨミに夜の世界を、須佐之男命に海原国を、それぞれ治めるように命じた。

しかし、須佐之男命だけが命に服さず、亡き母イザナミノミコトに会いたいと泣き叫んだため、父に追放された。須佐之男命が別れを告げるために高天原に行くと、謀反を疑った天照大御神は武装して迎えた。

須佐之男命は、神生み比べの「誓約《うけい》」によって潔白を証明した後、高天原の田を荒らし、神殿に糞《くそ》をまき散らすなどした。天照大御神は許し続けたが、須佐之男命のいたずらで機織りの娘が死ぬと、ついに天岩屋《あまのいわや》に閉じこもって世界は暗黒になった。八百万《やおよろず》の神々は知略で天照大御神を外に連れ出し、須佐之男命を高天原から追放した。

「あの子は、本当はいい子なのよ」「いい子なのよ…」。平成二十五年春刊行されたマンガ古典文学『古事記』。作者の里中満智子氏は天照大御神について、乱暴の限りを尽くす須佐之男命に温かいまなざしを注ぐ心優しい姉として描いている。

「須佐之男命は決して心底、悪いのではないことを天照大御神は知っていた。『困った子だわ。でも、まだ子供だし』と、いつも心配していたのではないでしょうか」

〈屎如《くそな》すは、酔ひて吐き散らすとこそ、我がなせの命《みこと》かくしつらめ。また田の畔《あ》を離ち溝埋むるは、地《ところ》をあたらしくとこそ、我がなせの命かくしつらめ〉（屎のように見えるのは、酒に酔ってへどを吐き散らそうとしたから。田のあぜを壊したり溝を埋めたりするのは、土地をもったいないと思ったからであろう）

古事記は、天照大御神が無理な理屈付けをしてでも弟をかばう様子をことさら詳細に描く。

「いつか弟も気付いてくれると信じていた。いや信じたかったんでしょう」と里中氏。精神的に未熟だった須佐之男命が改心することはなかったが、信じて待つという心の広さを強調することで、古事記は慈悲に満ちた、皇祖神にふさわしい姿を描こうとしている。

〈大嘗《おおにえ》聞こしめす殿に屎まり散らしき〉

須佐之男命の悪行の中で、古事記があえて大嘗祭《だいじょうさい》を行う神殿に触れている点に着目するのが同志社女子大の寺川眞知夫特任教授。大嘗祭は、収穫された米を神に捧《ささ》げる新嘗祭《にいなめさい》のうち、天皇即位後初めて行う、最も重要な祭儀として現在まで受け継がれている。

「天照大御神はイザナキノミコトから高天原の統治を命じられたが、まだ大嘗祭を行っておらず、完全に統治者にはなりきっていなかった」

その段階で、政権基盤の確立に不可欠な大嘗祭を妨害した須佐之男命の行為は「もはやいたずらではすまされず、謀反に等しかった」。しかし、天照大御神はかばい続けた。

その天照大御神がかばうのをやめるのは、機織りの娘が死んだことによる。穢《けが》れの中で最も忌むべきは「死」。現場を見た天照大御神も死の穢れを帯びた。「大嘗祭ができないうえ、自らも穢れた。高天原に穢れを広げないためには、天岩屋にこもるしかなかったのです」。

大嘗祭を行う権限を持った最高神であり、皇祖神となる天照大御神。しかし、その経緯について古事記は具体的には記さない。この謎を解くカギが、イザナキの左目から生まれたことにあると寺川氏は説く。「中国では古来、天は左旋《させん》（左回り）、地は右旋《うせん》（右回り）するという。左こそが天を司《つかさど》るのにふさわしいという中国思想が背景にあった」。

ただし、生まれたときから〝選ばれし神〟だった天照大御神も、「決して絶対的権力者ではなかった」と里中氏は考える。「天照大御神は最高神でありながら、自ら決断できない。須佐之男命の追放を主張したのは周りの神々だった。天岩屋から外に出たのも、八百万の神にだまされた結果と言えなくもない。独断専行ではなく『和』を尊び、大らかで穏やかな性格を持っていたのが天照大御神でしょう」。

そうした、どこか頼りなげな女神に惹《ひ》かれ、二千年もの間、伊勢の地に大切に祭ってきたのが日本人なのである。

皇家を救う母の慈しみ

天照大御神【中】

乱暴者の弟、須佐之男命《すさのおのみこと》を追放して高天原《たかまがはら》を平穏にした天照大御神《あまてらすおおみかみ》はタカミムスヒノカミと相談し、須佐之男命の子孫であるオオクニヌシノミコトが築いた地上世界は高天原の直系が治めるべきだと考える。指名したのは自分の長男、アメノオシホミミノミコト。ところが、アメノオシホミミは地上世界の乱れに驚き、天の浮橋から引き返す。

地上の荒ぶる神を服従させる使者が必要となった天照大御神は、その役目を次男のアメノホヒノカミに命じる。アメノホヒは降臨するが、オオクニヌシにへつらい、三年たっても使命を果たせなかった。

業を煮やした天照大御神はアメノワカヒコ、雉《きじ》の鳴女《なきめ》、タケミカヅチノカミと次々と使者を送り、国譲りを実現させる。改めて降臨を命じられたアメノオシホミミは、タカミムスヒの娘との間にできた子、ニニギノミコトにその役を譲る。

天照大御神の直系

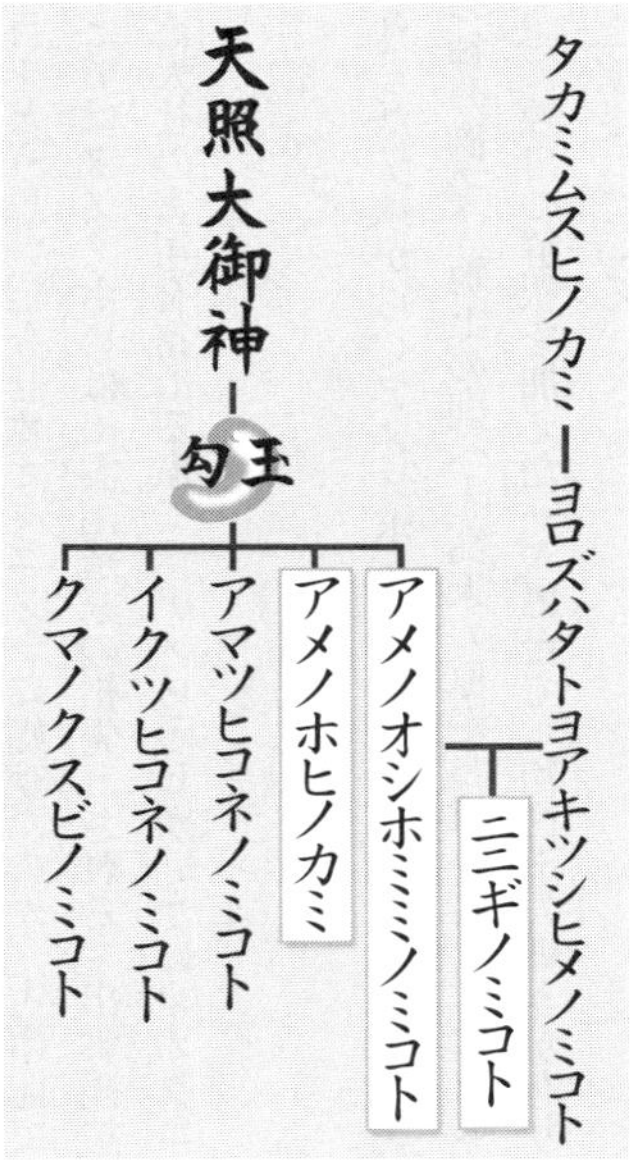

ニニギノミコトは、初代神武天皇の三代前の天《あま》つ神として古事記には記されている。つまりは天皇家の祖先に当たる神で、高天原での人選は現在の皇室につながる重要なものなのだ。

〈天照大御神の命以《みことも》ち、「豊葦原《とよあしはら》の千秋の長五百秋《ながいほあき》の水穂国は、我が御子正勝吾勝々速日天忍穂耳命《まさかつあかつかちはやひあめのおしほみみのみこと》の知らす国」と、言因《ことよ》さし賜ひて、天降したまふ〉

　天照大御神がその大役に長男を選んだ事情を、古事記は短くそう書く。迷うことなく、人選したと思える記述である。しかし、危険な使者を選ぶ際には一転して、八百万《やおよろず》の神を集めて相談し、次男に決めた。

〈故天菩比神《ゆえにあめのほひのかみ》を遣わしつれば、大国主神《おおくにぬしのかみ》に媚《こ》び附き、三年に至るまで復奏《かへりごとまを》さず〉

　アメノホヒに関する古事記の記述はこれだけ。使者の役目をどう思い、なぜオオクニヌシに媚びたのか、古事記ではわからない。ただ、出雲神話などではアメノホヒは出雲国造家《くにのみやつこ》の祖先とされる。出雲国造家は代々、オオクニヌシを祭る出雲大社の宮司を務める家で、アメノホヒがいかにオオクニヌシを慕っていたかがうかがえる。

こうした伝承から、アメノホヒの心理分析に挑んだ意欲作が「浅野温子　よみ語り」の「天つ神の御子、地上の国へ～高天の原から遣われし者たちの声～」である。よみ語りは、古事記に独自の解釈を加えた一人舞台で、約二十の脚本があり、伊勢神宮や出雲大社などで奉納上演されている。

この脚本では、アメノホヒは勇んで、オオクニヌシのもとにやって来る。母が兄を溺愛することを寂しく思っていたが、重要な役目に母の期待を感じ、うれしかったのである。その心理をいじらしく思ったオオクニヌシは、自分も八十神《やそがみ》といわれた兄たちにしいたげられ、命まで狙われたことを話す。そして、アメノホヒへの同情と愛情を言葉を尽くして語り、心を奪う。

「天照大御神には兄弟への愛情に差はなかったと思う。跡継ぎになれない二番目以降の子には、一人で生きる厳しさを早く教えなければならない。使者となって成長し、役立つ男になって帰って来てほしいという思いがあったのでしょう」

よみ語りの脚本家、阿村礼子氏はそう話す。

須佐之男命との神生み比べの誓約《うけい》で五人の子を得た天照大御神には夫に当たる存在はいない。それだけに内なる父の役割も負っているように古事記は書いている、と阿村氏は解釈する。

「大らかで明るい。そして寛容。庇護《ひご》力みたいなものがあるのが天照大御神の印象です。古事記が描く母はみんな強いが、天照大御神はその象徴。母系社会の長として、すべてのキャラクターを背負って描かれていると思う」

神話を記す古事記上巻《かみつまき》で天照大御神が登場する場面は二十四カ所ある。さらに、十五代までの天皇の御世を扱う中巻《なかつまき》にも二カ所ある。東征で苦戦する神武天皇に太刀を下し、熊野の敵を平らげさせる場面と、仲哀《ちゅうあい》天皇を失った神功皇后の胎児を男子と託宣する場面である。天皇家が窮地に陥ると現れるのが天照大御神なのだ。

「天皇家の精神的支柱として描かれる天照大御神は、今も絶大な人気がある」と大阪市立大の毛利正守名誉教授は言う。古事記学会会長でもある毛利氏は全国で講演する機会が多いが、人気があるベスト3は仁徳天皇、神功皇后、雄略天皇という。

「それ以上に喜ばれるのが天照大御神。古事記に描かれている母としての姿が、その地を大切にし、収穫を得る農耕民族には合っているのでしょう」

天孫降臨 最高神の貫禄

天照大御神【下】

地上世界に遣わした四番目の使者、タケミカヅチノカミからオオクニヌシノミコトが国譲りを承諾したと聞いた天照大御神《あまてらすおおみかみ》は、長男のアメノオシホミミノミコトの子、ニニギノミコトを降臨させることを決める。ニニギは天照大御神の孫なので、この降臨神話は天孫降臨と呼ばれる。

ニニギが降臨しようとすると、途中に高天原《たかまがはら》と地上世界を照らす神がいた。天照大御神はアメノウズメノミコトに、「お前は相手ににらみ勝つ神であるから、正体を問うて来い」と命じた。相手はサルタビコノカミで、先導役を願い出た。天照大御神は道が整ったと判断し、高天原の神々とともにニニギを送り出した。その際、自らを天岩屋《あまのいわや》から招き出した鏡を自分の御魂《みたま》として祭るよう命じた。

ニニギは高天原の玉座《ぎょくざ》を離れ、八重にたなびく雲を押し分け、筑紫の日向《ひむか》の高千穂の峰に降り立った。

天照大御神がニニギノミコトに授けたのは鏡のほかに、勾玉《まがたま》と草薙《くさなぎ》の剣、後世に三種の神器と呼ばれる品々である。

〈また常世思金神《とこよのおもひかねのかみ》・手力男神《たぢからおのかみ》・天岩門別神《あめのいはとわけのかみ》を副《そ》へ賜ひて〉

古事記は、その場面をこう書く。天照大御神は、自らを天岩屋から連れ出した知恵者や力自慢の神々を、ニニギとともに天下りさせたのである。降臨の露払い役をアメノウズメノミコトに命じる様子といい、天照大御神が采配を振る姿には、最高神そのものの貫禄がある。

しかし、古事記は最初からは天照大御神を最高神として描いていない。象徴的なのは高天原を統治する天照大御神のもとに、イザナキノミコトに追放を命じられた須佐之男命《すさのおのみこと》が別れを告げにやって来る場面だ。

〈我《あ》がなせの命《みこと》の上り来る由《ゆえ》は、かならず善き心にあらじ。我が国を奪はむと欲《おも》ふのみ〉（須佐之男命が上ってくる理由は必ず、善意があってのことではない。私の国を奪おうと思っているに違いない）

警戒した天照大御神は髪を解き、結い上げ、男神の姿になって迎え撃とうとする。その姿は、大きな勾玉を無数に巻き付け、鎧の背に千本入りの矢入れを背負い、胸には五百本の矢入れをつけ、弓は腹が見えるほど振り立て、地面を蹴散らして雄々しく勇む、というものだった。

不思議なのはこのとき、天照大御神が一人だということだ。そばに知恵を貸す神も、力自慢の神もいない。須佐之男命の本心を確かめる「誓約《うけい》」に臨むのも天照大御神自身である。

「高天原を統治するとはいっても最初は、天照大御神も一人で戦わざるを得ない女神だった。それが最高神に変わるのは天岩屋こもりから。この神話は、天照大御神が生まれ変わる儀式だったとも読める」

そう語るのは佛教大の斎藤英喜教授である。

〈高天原みな暗く、葦原中国悉く闇し《あしはらのなかつくにことごとくくら》。此に因りて、常夜《とこよ》往く。(略)万の妖《よろずわざはひ》悉く発りき《おこ》〉

〈高天原も地上世界も闇に包まれ、昼がなくて夜ばかり過ぎた。万物のわざわいが一斉に起こった〉

天照大御神が天岩屋にこもったことで起こった騒乱を古事記はそう記す。天照大御神を連れ出そうとして、八百万《やおよろず》の神々は知恵を絞り、後の祭祀《さいし》の起源となる儀式を繰り広げる。儀式に関わった神々の子孫は後世、祭祀を司《つかさど》る氏族となっていく。天岩屋神話は、天照大御神を特別な存在と印象づけている。

「自分より貴い神がいると言われ、鏡に映った自分の顔を見て誘い出される記述は一見、滑稽だが、天照大御神がより貴い神に成長する伏線とも受け取れる」

復活した天照大御神は、オオクニヌシノミコトが造り上げた地上世界を、わが子が治めるべき地と考えて、国譲りを命じるほどの権威者になっている。その姿は、天地を治め、神々の頂点に立つ女帝そのものである。

二十年に一度の式年遷宮が行われている伊勢神宮では十月の遷御の儀で、「鶏鳴三声《けいめいさんせい》」が行われる。神職が「カケコー、カケコー、カケコー」と発すると、勅使が「出御《しゅつぎょ》」の声をかける。それで天照大御神の御魂を新しい社に遷《うつ》す行列が動き出す。

「天岩屋の前で行われた祭祀では、最初に常世の長鳴鳥《ながなきどり》を集めて鳴かせたとあります。遷御の儀の初めに鶏の鳴き声を上げるのは、岩屋戸開きにならったとも言われます」と、儀式を行う神宮司庁は話す。

神代の「出来事」は今なお、日本人の心に息づいている。

闇照らす皇祖神の「弟」

ツクヨミノミコト

イザナキノミコトから生まれた三貴子のうち、左目から生まれた天照大御神《あまてらすおおみかみ》に対し、右目から生まれた弟のツクヨミノミコトは、夜の世界を治めるよう命じられた。古事記は「月読命《つくよみのみこと》」と記し、月齢を数える神として太陰暦に結びつくと考えられるが、それ以上の記述はない。

日本書紀では「一書《あるふみ》にいう」として、「月夜見尊《つくよみのみこと》」と記し、イザナキから「日と並んで天を治めよ」と命じられたとする。

地上世界である葦原中国《あしはらのなかつくに》の保食神《うけもちのかみ》を訪ねた際、保食神が米や魚などを次々に口から出してもてなしたが、「けがらわしい」と激高し、剣で殺した。ツクヨミがこのことを天照大御神に報告すると、「お前は悪い神だ。もう会いたくない」と言って、昼と夜に分かれて住むようになった。

日本書紀が残虐さを強調するツクヨミもまた、伊勢の地に祭られている。

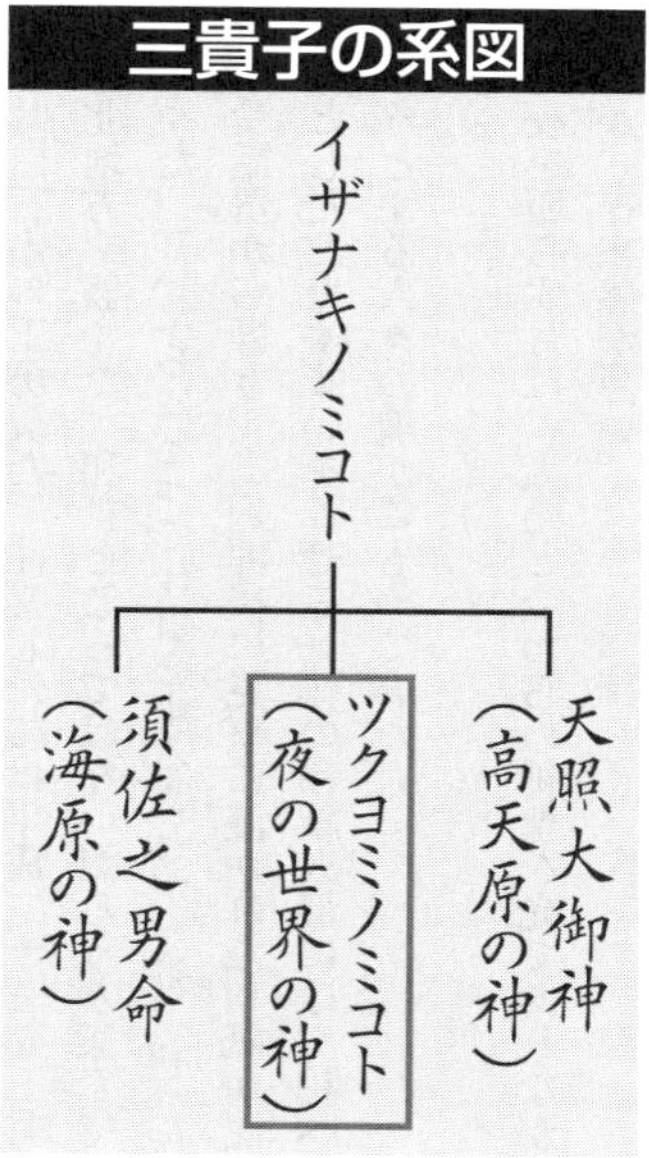

夜の世界を煌々《こうこう》と照らす月光は、人々に希望をもたらす一筋の明かりだった——。

そんな思いを込めて月の神・ツクヨミノミコトを和紙人形で表現したのが、三重県伊勢市の和紙人形作家、阿部夫美子氏だ。作品の右手には、ブルーのクリスタルでかたどった灯火を、月光の象徴として持たせた。

月明かりにこだわったのには理由があった。夫が宮城県石巻市出身で、東日本大震災では親類が何人も被災した。「夜の闇が一番不安だった」。電気もガスも通じない夜を幾日も過ごした知人の言葉が脳裏に刻まれた。「少しでも明かりがあれば、人は希望を持って生きていける。どうか闇夜を照らしてください」。そう願って作品に向かった。

素材は、白石和紙で知られる

宮城県白石市の工房製だ。注文したのは平成二十三年三月十一日の午前中。数時間後に震災が東北地方を襲った。和紙どころではないだろうと案じていると、一週間後に工房から電話があった。「私たちにとって仕事をすることが一番。ぜひ作らせてください」。熱のこもった声が受話器から響き、二週間後に見事に漉《す》かれた和紙が届いた。

凛《りん》としたたたずまいをみせる一体の和紙人形には、神への畏敬とともに、震災から立ち上がろうとする人々の魂がこもっていた。

闇夜を照らす月は、太陽と変わらぬ神聖な光でありながら、古事記に登場するツクヨミはなぜか、存在感が薄い。

〈右の御目《みめ》を洗ひたまふ時成《な》りし神の名は、月読命。「汝命《いましみこと》は夜の食国《をすくに》を知らせ」と事依《ことよ》さしき〉

ツクヨミの記述は、この一節だけ。同志社女子大の寺川眞知夫特任教授はここに、当時の政治的意図を読み取る。飛鳥時代に天皇中心の律令国家を築こうとした四十代天武天皇が編《へん》纂《さん》を命じたのが古事記。「最大の目的は、天照大御神を祖先とする皇統の正しさを示すこと。天照大御神の次に生まれたツクヨミは、その意味では不遇だったかもしれません」。

日本書紀でのツクヨミは、口から食べ物を次々に出した保食神をけがらわしいと剣で殺すなど、乱暴な神として描かれた。天照大御神のように、ツクヨミの子孫や功績を詳述すると、天皇家とは別の系統を作ることにもなる。「天照大御神を皇祖神とする天皇家の正統性が薄れるのを懸念したのでしょう」

太陽と月。記紀が示す極端な扱いの差に政治的意図があることは、現代の発掘調査でもわかる。

飛鳥美人像で知られる高松塚古墳（奈良県明日香村）の石室には、東壁に金箔《きんぱく》の太陽、西壁に銀箔で月を表現していた。色鮮やかな朱雀などが描かれたキトラ古墳（同村）でも、東側に太陽と三本足を持つ八咫烏《やたがらす》、西側は剥落《はくらく》が著しかったが、月とヒキガエルが描かれたとみられた。太陽と月は不可分のもの、ほぼ対等なものとして、飛鳥時代の人たちは見ていたのである。

古墳の石室は、二度と人目にふれないものとして築かれる。奈良時代に書かれた記紀はいうまでもなく、その内容を後世に伝えるために書かれたものだ。大切なのは太陽神の神々しさ、ありがたさ。それを強調するために生まれたのが、ツクヨミという神だったのだろう。

ツクヨミは今、伊勢神宮内宮の別宮、月讀宮《つきよみのみや》と、外宮別宮の月夜見宮《つきよみのみや》に祭られている。阿部氏は言う。

「伊勢に暮らす私たちにとって、ツクヨミノミコトもまた、大切な神様です」

求め至った「うまし国」

ヤマトヒメ

神託によって伊勢神宮内宮を創建したと伝わるヤマトヒメは、古事記ではヤマトタケルノミコトの叔母で遠征を助ける存在として初めて登場する。父の十二代景行天皇から西征を命じられ、帰るとすぐに東征を命じられたヤマトタケルは伊勢の大御神の宮に参《まい》入《い》り、ヤマトヒメに嘆く。

「都に帰ってから時は経ないのに、父は軍人をも与えずに、重ねて東の十二国の平定に私を遣わされる。私など死んでしまえと思っておられるのです」

その訴えには応えず、ヤマトヒメは草薙《くさなぎ》の剣と袋を与え危急の時は袋を開けるように言う。ヤマトタケルが焼津で火攻めに遭った際、袋を開けると火打ち石が入っていた。それで向かい火をつけると火勢が弱まり、窮地を脱した。

ヤマトヒメが、天照大御神《あまてらすおおみかみ》を祭る土地を求めて巡行した経緯は日本書紀に描かれている。

伊勢神宮の祭祀《さいし》はいつ、どのように始まるのか。日本書紀は十一代垂仁《すいにん》天皇二十五年のこととして、ヤマトヒメを主役に物語る。

〈倭姫命《やまとひめのみこと》、大神を鎮《しづ》め坐《ま》させむ処《ところ》を求めて、菟田《うだ》の篠幡《ささはた》に詣《いた》る。更に還《かえ》りて近江国に入りて、東《ひむがしのかた》の美濃《みの》を廻りて、伊勢国に致る。時に天照大神、倭姫命に誨《おし》へて曰《のたま》はく、「是《こ》の神風《かむかぜ》の伊勢国は、則ち常世《とこよ》の浪《なみ》の重浪《しきなみ》帰する国なり。傍国《かたくに》の可怜《うま》し国なり。是の国に居《を》らむと欲《おも》ふ」とのたまふ〉

父、垂仁天皇の命で天照大御神を鎮座する地を探し求めていたヤマトヒメに、天照大御神自身がこの地にせよと命じたのである。その理由は、大和のかたわらにあり、美しい国だったから、と日本書紀は記す。

〈故《かれ》、大神の教《おしえ》の随《まま》に、其の祠《やしろ》を伊勢国に立て、因《よ》りて斎宮《いつきのみや》を五十鈴川の上《ほとり》に興《た》てまふ〉

しかし、ヤマトヒメの物語には学術的な裏付けはない。「伊勢神宮の創祀《そうし》時期は考古学的には明らかでなく、垂仁朝から七世紀末の文武朝まで、さまざまな説が論じられている」と、三重県埋蔵文化財センターの穂積裕昌氏は話す。

平成二十一年秋、三輪山の麓に広がる纒向《まきむく》遺跡（奈良県桜井市）で、三世紀最大の巨大な建物群跡が発見された。市教委の依頼で神戸大の黒田龍二教授（建築史）が建物群を復元した。

「並び立つ建物の一方は出雲大社の特徴が強く、もう一方は、伊勢神宮を想起させる棟持柱《むねもちばしら》建物でした」

棟持柱とは、伊勢神宮に代表される神明《しんめい》造りで、両妻の壁の外にあって棟を支える柱のことだ。纒向に宮殿を築いたのは、十代崇神天皇から十二代景行天皇までの三代である。

日本書紀によると、ヤマトヒメが巡幸した経緯は次のようなものだ。

崇神天皇の時代に疫病が蔓延《まんえん》し、天皇は宮中に二神を祭っているために神威が強すぎると恐れた。二神とは天照大御神と倭大国魂神《やまとのおおくにたまのかみ》だ。そこで、天照大御神を娘のトヨスキイリヒメに託して「倭の笠縫邑《かさぬいむら》」に祭った。さらにトヨスキイリヒメから神祭りを託されたのが、姪のヤマトヒメだったのである。

見つかった棟持柱建物跡について、黒田氏は「崇神、垂仁天皇の頃の宮中の宝庫とみられ、伊勢神宮の正殿《しょうでん》に直結する」と論じる。考古学の最新成果が、日本書紀の記述や伊勢神宮の創祀時期について、答えを垣間見せようとしている。

伊勢について、ヤマトヒメの時代より早く、古事記が記述していると思われる箇所がある。天孫降臨の先導役を務めたサルタビコノカミが、漁労中に溺れる場面である。

〈猿田毘古神《さるたびこのかみ》、阿耶訶《あざか》に坐《いま》す時に、漁為《すなどりし》て、比良夫《ひらぶ》貝に其の手を食い挟まれ、海塩《うしほ》に沈み溺れき〉

「あざか」の地名は「阿坂」として伊勢神宮北西の三重県松阪市にいくつか残る。その一つ、阿坂山（枡形山）の麓にはサルタビコを祭る「阿射加神社」が二社、鎮座している。近くには古墳時代前期の前方後方墳など有力遺跡が集まるが、阿坂山やその麓は古墳分布の空白地域になっている、と穂積氏は指摘する。

この現象は三輪山と一致すると言い、「伊勢神宮成立前に、人々の信仰を受けていた地域だった可能性が高い」。そのために豪族たちが、古墳を造営しなかったのだ。

古事記は、サルタビコは溺れることによって、つぶたつ御魂やあわさく御魂など海に活力を与える神々を生んだ、と記している。豊かな海が東に向かって開く伊勢は、ヤマトヒメがたどり着く以前から神聖な場所だったのである。

大御神祭る権威の象徴

斎王

天皇に代わって伊勢神宮の天照大御神《あまてらすおおみかみ》を祭ったのが斎王《さいおう》。天皇一代につき一人、飛鳥時代から南北朝時代の九十六代後醍醐天皇の治世まで置かれたとされる。未婚の内親王（天皇の娘）ら皇族女性から選ばれ、斎王が暮らした宮殿は「斎宮《さいくう》」と呼ばれた。

日本書紀では、天照大御神を伊勢に鎮座したヤマトヒメがその最初とされるが、実在が確認される最初の斎王は四十代天武天皇の娘、大伯皇女《おおくのひめみこ》。万葉集に収められた歌が、弟・大津皇子との姉弟を超えた恋情を示すことで有名だ。

日本書紀によると、天武天皇の死後、大津皇子が謀反の罪を着せられて自害に追い込まれると、斎宮にいた大伯皇女は任を解かれて飛鳥（奈良県明日香村）に戻された。

斎王は、皇祖神を祭る極めて重要な役割だが、古事記も日本書紀もその具体的な役割や活動について、ほとんど触れていない。

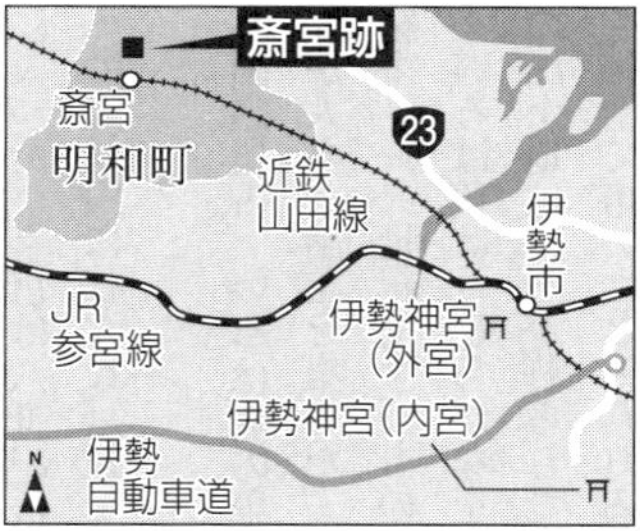

大阪から伊勢へ向かう近鉄電車に乗ると、伊勢市駅の少し手前で「斎宮」と記された巨大な表示板が目に入る。伊勢神宮から十数キロ西に位置する三重県明和町の国史跡・斎宮跡で、芝生広場が広がり、縮尺一〇分の一の宮殿模型が屋外展示されている。千三百年以上前、この地に斎王が暮らした斎宮が築かれたのだ。

天照大御神の祭祀《さいし》を司《つかさど》る斎王が、なぜこれほど離れた場所に住まわされたのか。平安時代の記録によると、伊勢神宮から遠いとの理由で神宮近くに移転したが、火事で焼失。占いの結果、現在の斎宮跡になったという。

「この地にあることが重要だったようだ」と三重県斎宮歴史博物館の榎村《えむら》寛之・学芸普及課長は推測する。天皇の名代とはいえ、都から派遣された斎王や従者は、いわば『俗』の世界。神聖な伊勢神宮近くには『日常生活』を置かず、一定の距離を保つ必要があったという指摘である。

斎宮跡は、伊勢神宮の領地だった古代の多気《たけ》郡西端に位置する。斎王一行は、他領との境界を流れる祓《はらい》川で身を清め、斎宮に入った。斎宮は八世紀後半には東西一キロ、南北五〇〇メートルに及んだといい、「伊勢への入り口に壮大な宮殿を築くことで、天皇の権威を示そうとした」と榎村氏は考える。

「国内最古　いろは歌の墨書土器発見」。平成二十四年一月、斎宮跡で見つかった小皿の破片が大きな話題を集めた。「ぬるをわか」「つねなら」と筆で書かれ、平安時代後期の一一世紀末～一二世紀前半のものだった。

いろは歌は、ひらがなを覚えるための手習い歌。ひらがなは女性が書くことが多く、土器の出土地は斎王が暮らした「内院」の一画だったことから、斎王の身近に仕える女官が文字の練習で書いたとみられる。筆跡は繊細で、女官たちに囲まれて和歌などをたしなむ風雅な斎王の姿も浮かび上がった。

この斎王が伊勢神宮に赴いたのは、年にわずか六日だった。六、十二月の月次祭《つきなみのまつり》と九月の神嘗祭《かんなめのまつり》で、内宮と外宮に一日ずつ参拝した。

神嘗祭は新穀を神に捧《ささ》げる祭儀で、極めて重要な儀式だった。ただし、祭儀に際しては太《ふと》玉串《たまぐし》を捧げるだけで、巫女《みこ》のように神がかりして託宣することはなかった。

「天皇の名代として伊勢神宮に行くこと自体に意味があった」と榎村氏。わずか一人の斎王のために築かれた壮大な宮殿とともに、高度な政治的意図を読み取る。

「都から伊勢に皇女を派遣するのは、国を統治するうえで天皇の最高のデモンストレーションだったのでしょう」

〈我が背子《せこ》を　大和へ遣《や》ると　さ夜ふけて　暁露《あかときつゆ》に　我が立ち濡《ぬ》れし〉（あの人を大和に見送ろうとして、夜も更けて暁の露に立ち濡れたことよ）

大伯皇女が、伊勢を訪れた弟の大津皇子を見送った際に詠んだとして、万葉集に収められている歌だ。禁断の恋歌として知られる。

榎村氏は「当時、最高の文化とされた五七調の歌を見事に詠み上げた大伯皇女は、一流の文化人であり、特別な皇女だった。だからこそ天武天皇は自らの名代として選んだ」と話す。

ただ、そんな大伯皇女でも、斎王としての活動は伝えられていない。「斎王は神様に仕えるのが務め。決められたことを粛々とこなすことが重要だった」。

政変や権力争いから距離を置く斎王の姿は、伊勢の地で、甥《おい》のヤマトタケルノミコトを言葉少なに支えたヤマトヒメを想起させる。

食物司る丹波国の女神

トヨウケビメノカミ

大八《おおや》島《しま》（日本列島）や幾多の神々を産んだイザナミノミコトは、火の神カグツチノカミを産んだ際のやけどで命を落とす。しかし、やけどの痛みに苦しんで床に伏せる間も、自らの嘔吐《おうと》物や排泄《はいせつ》物などから神を産む。

伊勢神宮外宮に祭られるトヨウケビメノカミは、イザナミの尿から生まれたワクムスヒノカミの子として生まれた。

天照大御神《あまてらすおおみかみ》の孫、ニニギノミコトが地上世界に降臨した際、トヨウケビメと同一神とされるトユウケノカミは、かつて天岩屋《あまのいわや》から天照大御神を連れ出すことに貢献したアメノコヤネノミコト、フトダマノミコト、アメノウズメノミコトらの神々と、八尺《やさか》の勾玉《まがたま》と鏡、草薙《くさなぎ》の剣とともに天降《あまくだ》る。

古事記はトユウケノカミについて、外宮の度相《わたらひ》に鎮座する神と記す。その縁起は外宮の由来を記した『止由気宮《とゆけぐう》儀式帳』に詳しい。

トヨウケビメノカミは、伊勢神宮内宮に祭られる天照大御神の食事を司《つかさど》る。古事記では記述が少ないが、天照大御神とともに神宮に祭られる理由には、大和と丹波のつながりがみえる。

〈此の子を生みたまひしに因りて、みほと炙《や》かえて病み臥せり。（略）次に尿《ゆまり》に成りませる神の名は弥都波能売神《みつはのめのかみ》。次に和久産巣《わくむす》日神《ひのかみ》。此の神の子は豊宇気毘売神《とようけびめのかみ》と謂ふ〉

古事記のこのあたりの記述は実に壮絶だ。イザナミは苦しみながらも〈たぐりに生《あ》れませる〉〈次に屎《くそ》に成りませる〉〈次に尿に成りませる〉と、神々を生み続けるのである。たぐりとは嘔吐物のことで、こうしたものから神が生まれる様子を記述するのは、農作物の循環を示すものと考えられる。ちなみにトヨウケビメの「ウケ」は穀物、食物を意味する言葉だ。

トヨウケビメが再び、古事記に登場するのはニニギノミコトが地上世界に降臨する際だ。

〈次に登由宇気神《とゆうけのかみ》、此は外宮《とつみや》の度相に坐す神ぞ〉

ニニギに同行する神々の列記の中でそう記され、この神が外宮に祭られていることがわかる。

トヨウケビメが外宮に祭られた経緯は、外宮の由来や儀式などを記した『止由気宮儀式帳』に漢文で、天照大御神が次のように告げたとして書かれている。

「私一人祭られるのは心苦しい。食事も安らかに取ることができない。丹波国の比治の真奈井に祭られている御饌都神《みけつかみ》、等由気大神を私の近くに祭ってほしい」

等由気大神はトヨウケビメのことで、ヤマトヒメによって大和を離れ、五十鈴の宮（内宮）に祭られるようになった天照大御神が、自ら大長谷天皇（二十一代雄略天皇）の枕元に立って、丹波の神を呼び寄せるよう訴えたと記されている。雄略天皇は驚き、すぐに丹波からトヨウケビメを遷《うつ》し祭ったという。

丹波国は、現在の京都府亀岡市以北から兵庫県の一部にかけた地方を指す。丹波の一部が丹後になった奈良時代に編纂《へんさん》された『丹後国風土記』には、里人に衣を隠された天女が地上にとどまり、どんな病も治す酒を造り、人々を喜ばせた。天女は後に、豊宇賀能売神《とようかのめのかみ》として奈具神社に祭られた、と書かれている。この神がトヨウケビメと同一と考えられている。

古事記は、トヨウケビメと丹波国との関係を記さない代わりに、天皇家と丹波国が婚姻によって深くつながっていたことを、詳細に描いている。

「古事記には九代開化天皇が旦波《たには》の大県主《おほあがたぬし》の娘、タカノヒメと結婚したと書かれている。後に、十一代垂仁天皇も丹波のヒバスヒメと結婚しています」

京丹後市立丹後古代の里資料館の三浦到館長はそう説明する。ヒバスヒメは十二代景行天皇やヤマトヒメの母となる。

三浦氏によると、丹波国は丹後半島につながり、弥生時代中期から後期には、北九州や大陸との交易で最先端の鉄器が存在した。四世紀中頃には前方後円墳が現れ、四世紀後半には当時五本の指に入る巨大古墳が造られた。同じ設計図を基に造られたとみられる前方後円墳もあり、考古学的にも大和と丹波の結びつきが証明されている。

しかし、丹波国は五世紀を境に勢力を失う。「トヨウケビメが伊勢に遷された雄略天皇の時代がちょうどこの頃」と三浦氏は指摘する。「神が遷し祭られたので丹波は衰退したのではないでしょうか」。神威を集めた伊勢神宮は、国家の体制が整った時代だからこそできたのである。

◆第八章

技を伝える

古事記には、ものづくりに関する記述も多い。
技術の原点を考察する

能の「鈿女」でのアメノウズメノミコト。芸能の原点を示す姿だ＝金剛流宗家提供

稲作と一体 産業の原点

織物

イザナキノミコトとイザナミノミコトの国生み、神生みと続く古事記の神話で初めて、産業に関する記述が出てくるのが須佐之男命《すさのおのみこと》が高天原《たかまがはら》で乱暴狼藉を繰り返す段である。須佐之男命は、天照大御神《あまてらすおおみかみ》が耕作する田の畦《あぜ》を壊し、田の溝を埋め、新嘗《にいなめ》祭をする御殿に糞《くそ》をまき散らす。この描写で、高天原での稲作の様子がわかるのだ。

天照大御神は弟をかばったが、悪行はますます激しくなった。天照大御神が機屋にいて神御衣《かむみそ》を織らせていたとき、須佐之男命は機屋の天井に穴を開け、まだら毛の馬の皮を剥いで穴から落とし入れた。機織女《はたおりめ》が驚き、織機の梭《ひ》に陰部を突いて死んでしまった。天照大御神はその様子を見て恐れ、天岩屋《あまのいわや》にこもったために、天地は深い闇に包まれた。天岩屋戸隠れ神話につながる記述では、当時の機織りの様子、技術がわかる。

〈天照大御神、忌服屋《いみはたや》に坐《いま》して、神御衣を織らしめし時に、其《そ》の服屋の頂を穿《うが》ち、天の斑馬《ふちうま》を逆剥ぎに剥ぎて、堕し入れたる時に、天の服織女《はとりめ》、見驚きて、梭に陰上《ほと》を衝《つ》きて死にき〉

天照大御神が天岩屋にこもる原因となる事件は、機織りを行う機屋（服屋）で起きた。物語には、当時の機織り技術が明確に描かれている。機屋があるということは、進んだ織物技術があるということだ。

古代の紡織に詳しい福井大講師の東村純子氏（考古学）によると、織機が国内で使われ始めるのは、稲作の伝来とほぼ同時期の縄文時代晩期。最古の織機は、福岡市の雀居《ささい》遺跡で見つかっている。

見つかったのは、木の棒などを利用してタテ糸とヨコ糸を組み合わせるだけの簡素な「原始機《げんしばた》」で、「場所を選ばないので機屋を必要としない」と東村氏は指摘する。

一方、古墳時代の六世紀には存在し、近代まで使われた「地《じ》機《ばた》」は、大きな機台が必要なために、「機屋の存在が想定できます」。

機織女を死に至らしめた杼《ひ》（梭）は、タテ糸の列を上下に開いたすき間にヨコ糸を通す道具で、地機には不可欠な部品だ。古い地機ほど杼は大きく、静岡県浜松市の伊場遺跡で出土した七世紀の地機の杼は、長さ八五センチの刀状だった。「誤って突いてしまったら危険という認識が物語の背景にあったのでは」と東村氏は言う。

織機の基本的な構造は驚いたことに、二〇世紀に入るまで古事記の時代と大きくは変わらない。古代からの織物技術に革新をもたらしたのは、豊田佐吉が開発した自動織機だ。特に「自動杼換《ひがえ》装置」は、タテ糸に比べて長さに限度があるヨコ糸を入れた杼を自動で交換するシステムで、佐吉が生涯に得た五十を超える特許の中でも世界的発明といわれた。

この技術に改良を加え、大正十三年に完成した「無停止杼換式豊田自動織機」は、従来の二十倍以上の生産性を実現した。佐吉の長男、喜一郎は豊田自動織機製作所に自動車部を設け、織機づくりのノウハウを応用。昭和十一年に独自の乗用車を世に出した。

「佐吉は夜なべで機織りをする貧しい村で育ち、三十年以上も織機を改良し続けた。そんな環境で喜一郎は育ったのです」

トヨタテクノミュージアム産業技術記念館（名古屋市）の成田年秀・副館長はそう話す。その風景を古事記の記述に重ね合わせると、感慨深いものがある。

三重県松阪市の神麻続機殿神社《かんおみはたどの》（上機殿）と、二キロ南の神服織機殿神社《かんはとりはたどの》（下機殿）。伊勢神宮で五月と十月に行われる神御衣祭《かんみそさい》に合わせ、上機殿で麻布の荒妙《あらたえ》が、下機殿で絹布の和妙《にぎたえ》が織られる。

「神様の衣替え」ともいわれる神御衣祭には深い意味がある、と皇学館大研究開発推進センターの岡田芳幸教授は指摘する。「田植えと収穫の時期に合わせて神様の衣を新調する。衣と食は切り離すことのできない産業の原点であることを教えてくれます」

古事記が初めて触れるものづくりが、稲作と織物というのも、こうした価値観の表れだろう。弥生時代には日本人はすでに、麻など衣服を充実させる植物を栽培していた。七一二年に書かれた古事記に、先進技術の地機が登場するのは至極当然なことなのである。

「神遊び」歓喜の踊り子

芸能

〈日本舞踊の歴史をひも解く時、今から千三百年も前に遡《さかのぼ》らなくてはなりません。古事記に、日本舞踊の原型ともいうべき記載を見いだすことができるからです〉（日本舞踊振興財団ＨＰ）

その原型とは、天岩屋戸《あまのいわやと》隠れ神話で、アメノウズメノミコトが見せた舞いを指す。弟、須佐之男命《すさのおのみこと》の乱暴狼藉を苦にして姿を隠した天照大御神《あまてらすおおみかみ》を連れ出すために、アメノウズメは岩屋戸の前で、神懸かりして舞う。その姿に八百万《やおよろず》の神々が笑い、何事かと様子をうかがう天照大御神に誘いの言葉をかけるのもアメノウズメだ。

「あなたよりも貴い神様がいらっしゃったので、それを喜び、笑い、楽しんでいます」

神話はその後、鏡を使った誘導、力自慢の神による引き出し、しめ縄を使った岩屋戸の封印と続き、天地は再び、陽光を取り戻す。

室町時代からの歴史を誇る芸能の能には、アメノウズメが登場する能が二曲ある。「鈿女《うずめ》」と「絵馬」。なかでも「鈿女」はアメノウズメをシテ（主役）にした能である。

椿大明神に仕える神主が神楽を執り行うため、祝詞《のりと》をあげていると女人が現れ、アメノウズメが天岩屋戸開きの際に神楽舞を舞ったことを語る。その詳しさに神主が感心すると、「岩戸の御神楽をお見せしましょう」と言って消える。やがて、箔《はく》に緋大口、舞衣などの華やかな装束を身につけたアメノウズメが現れ、八百万の神遊びのさまを見せ、世の荒ぶる心をなごませ、天の浮橋に帰るという内容である。

「やや短いので、舞うには物足りなさを感じるが、のりのいい曲です。アメノウズメの舞いは能の原点といった意味のことは世阿弥も書いていて、能にとっても特別な曲です」

能のシテ方五流の一つ、金剛流の二十六世宗家、金剛永謹氏はそう話す。「鈿女」は中世にいったん廃絶していた曲だ。それを伊勢一の宮である椿大神社《つばきおおかみやしろ》（三重県鈴鹿市）が昭和四十八年、金剛流宗家に依頼して復曲した。

以来、四月の春季大祭で毎年、宗家によって奉納上演されている。

「復曲は、前の宮司（故人）の強い思い入れで実現したと聞いています。別宮にアメノウズメノミコトを祭祀《さいし》しているので、由緒ある曲が廃絶していたのが残念だったのでしょう」田中淳・権禰宜《ごんねぎ》はそう話す。同社の主祭神はサルタヒ（ビ）コノオオカミ。アメノウズメの夫神といわれる神だ。

「やはり芸能関係者や日舞を学ぶ人らのご参拝が多い。奉納能では毎年、本殿が二百人以上の見物客で埋まります」

アメノウズメが芸能の女神とされるのは、古事記が記す姿形、そして動作が能や日本舞踊などに生きているからだ。

〈天の日影を手次《たすき》に懸けて、天の真折《まさき》を蔓《かづら》と為《し》て、天の香山の小竹葉《ささば》を手草《たぐさ》に結ひて〉

姿形は、日影蔓を襷《たすき》にし、真折という蔓草を髪飾りにして、小竹の葉を採り物に束ねて、というものである。そして、こんな動作をした。

〈天の石屋の戸にうけ伏せて踏みとどろこし、神懸り為て、胸乳《むなち》を掛き出で、裳《も》の緒をほとに忍《お》し垂れき〉

桶を伏せて踏み鳴らし、神が乗り移った状態で、乳房をあらわにし、下衣の紐を陰部まで垂らしたのである。

その姿を「鈿女」では、榊を持った姿で表現する。日本舞踊では、頭や着物に草を飾りつけ、笹の束を手に、大きな桶の上で足を踏み鳴らしたことを、「今も使用している小道具、足拍子の表現。日本舞踊の原点がここにある」とする。

〈何に由《よ》りて天宇受売《あめのうずめ》は楽《あそび》を為、また八百万の神諸咲《もろもろわら》ふ〉

古事記では、岩屋戸の外の騒ぎに、天照大御神はそう問う。

〈汝命《いましみこと》に益《ま》して貴き神坐《いま》す。故歓喜《よろこ》び咲ひ楽《あそ》ぶ〉

アメノウズメはそう答える。桶を踏み響かせ、歌い舞うことが「楽」なのである。読み取れるのは、アメノウズメの行為が遊びであり、楽しみであり、笑いにつながるという考え方だ。現代の芸能に対する価値観は、この時すでに芽生えていたといえるだろう。

「鈿女は実は、原作者がわからない。観阿弥や世阿弥といったプロではなく、地元の人が作ったのではないか。能も世阿弥たちがドラマにする以前は、祭りの余興で行うようなものでした。芸能の原点はやはり、アメノウズメでしょう」

金剛氏はそう語る。

国造り支えた先進知識

医療

古事記は、天岩屋戸《あまのいわやと》隠れ神話で高天原《たかまがはら》を追放された須佐之男命《すさのおのみこと》がヤマタノオロチを退治したことを記した後、主役をオオクニヌシノミコトに代える。その始まりは稲羽（因幡）の白兎《うさぎ》神話である。

ヤカミヒメに求婚する兄弟の神々の従者にされ、稲羽の気多《けた》の岬に着いたオオクニヌシは、毛皮をむかれて苦しむ兎に「蒲の花を敷きつめた上に横たわり、転がりなさい」と助言する。傷の癒えた兎は「ヤカミヒメを手に入れるのは兄弟の神ではなく、あなた様でしょう」と予言する。

妬んだ兄弟神は、燃えた石を山上から落としてオオクニヌシを焼き殺す。オオクニヌシの母神が嘆き悲しみ、高天原のカムムスヒノミコトに相談すると、キサカヒヒメとウムカヒヒメが派遣され、秘薬でオオクニヌシを蘇生させる。オオクニヌシの国造り神話は、医療の記述が満ちている。

武力が強かったとか、穀物生産力が高かったという証拠は何もない。それなのに弥生時代の出雲が大量の青銅器を集められたのは何故《なぜ》なのか——。

荒神谷《こうじんだに》遺跡（島根県出雲市）で三百五十八本の銅剣が見つかった昭和五十九年以来、岡山県を代表する考古学者で倉敷考古館学芸員の間壁葭子氏は悩み続けた。平成八年には、近くの加茂岩倉遺跡（同県雲南市）で三十九個の銅鐸が発見された。再度の驚きとともに思い浮かんだのは、子供のころからなじみのある「因幡の白兎」の神話だった。

「神話の骨子は外皮を失った兎への適切な医療。弥生時代には呪術的な療法しかなかったと思われているが、新技術として優秀な医薬知識がこの地にあったとしたら、大きな力になっても不思議ではない」

間壁氏は、奈良時代に書かれた『出雲国風土記』を医薬の視点で読み返した。葛根《かっこん》、独活《どっかつ》、細辛《さいしん》、百部根《びゃくぶこん》……。薬草を数えると六十一種もあった。数種だけしか記載がない他地方の風土記の比ではなかった。

「注口《ちゅうこう》土器」にも着目した。やかんや土瓶に似た注ぎ口がある考古資料。出土例が、出雲や因幡などの弥生時代の遺跡に限定される不思議な遺物だ。杯のようなふたが付いたタイプもある。

「薬を煎じて、量を気にしながら服用したのではないでしょうか」と間壁氏は推察する。

〈今急《すみや》かに此の水門《みなと》に往《ゆ》き、水を以ち汝《な》が身を洗ひ、其の水門の蒲黄《かまのはな》を取り、敷き散《ちら》して其の上に輾転《こいまろ》ばば、汝が身、本《もと》の膚《はだ》の如く必ず差《い》えむ〉

古事記では、オオクニヌシは兎にそう教える。その教示、治療法は理にかなっている、と医師でもある島根大の小林祥泰学長は指摘する。

「蒲黄はホオウという漢方薬で傷口に直接散布して止血する効果がある」

オオクニヌシが大やけどを負う場面では、アカガイを意味するキサカヒヒメ（𧏛貝比売）とハマグリを意味するウムカヒヒメ（蛤貝比売）が看病する。小林氏は言う。

「ハマグリの身にはキトサンやタウリンなど現代の人工皮膚にも利用される成分が含まれている。ペースト状にして、抗炎症作用のある炭酸カルシウムが成分であるアカガイの殻を砕いて混ぜ、塗り薬にしていたことを示唆している。実に適切な処方です」

オオクニヌシを祭る出雲大社本殿の横に並ぶ天前社《あまさきのやしろ》には、オオクニヌシを救った二柱のヒメが祭られている。島根大付属病院に新病棟ができた二年前、院長だった小林氏は天前社の古い檜皮を譲り受け、調湿炭にして緩和ケア病室など新病棟の天井裏に敷き詰めた。
「オオクニヌシを治療し、看病したヒメたちは看護師のルーツともいうべき神様。患者さんに生きる勇気を与えてくれます」

オオクニヌシの国造りには、海を渡ってきたスクナビコナノカミが協力する。カムムスヒが、私の手の指から漏れこぼれた子というほど小さな神だ。

間壁氏は、日本の弥生時代に当たる中国の漢代の画像石に、伝説的名医が人頭鳥身の鳥人として描かれていて、スクナビコナと姿が重なる、と論じる。スクナビコナが乗っていたガガイモの実は、薬草であるともいう。

小林氏も伝説などから、スクナビコナは渡来してきた名医で、オオクニヌシとともに医薬や温泉の開発を進めたと考える。それらが出雲の力と先進性を支えるものだったことは間違いないだろう。武力ではなく、医薬の知識で国造りが進んだ古代日本の姿を、古事記は示唆している。

伊勢に宿る天武の意志

建築

兄弟神の迫害を逃れたオオクニヌシノミコトは、根堅州国《ねのかたすくに》で須佐之男命《すさのおのみこと》が与える試練に耐え、スセリビメとともに、神宝を持って逃げ出す。そのオオクニヌシに向かって、須佐之男命は叫ぶ。「宇迦《うか》の山の麓で、岩盤に宮殿の柱を太く立て、高天原《たかまがはら》に千木を高くそびえさせて住むがよい」。言いつけに従い、出雲に降り立ったオオクニヌシは、兄弟神を神宝で退けて国造りする。

高千穂峰に降臨した皇祖ニニギノミコトも、日向の笠沙《かささ》の御前《みさき》で「ここは大変良い地だ」と言い、宮殿の柱を太く立て、高天原に千木を高くそびえさせる。二十一代雄略天皇は河内に行く途中、堅魚木《かつおぎ》を上げた家に「天皇の御殿に似せて造っている」と怒り、その家を焼こうとした。

千木と堅魚木は、伊勢神宮正殿に代表される神社建築として、現代でも見ることができる。

古事記に登場する建築物の描写で、ひときわ印象的に描かれるのが、千木と堅魚木である。

千木は、切妻屋根の両端で天に向かってV字型に開いた飾り。木材二本を交差させて屋根を作った名残ともいわれる。堅魚木は棟の上に水平に置かれた、かつお節にも似た丸太の部材。茅葺き屋根の棟押さえがルーツともいわれる。ともに天皇や豪族の屋敷にしか許されなかった建築様式である。

千木や堅魚木が古代から存在したことは、埴輪《はにわ》によって裏付けられる。雄略天皇の祖父、仁徳天皇の妃を葬った可能性のある百舌鳥《もず》古墳群の御廟山《ごびょうやま》古墳（大阪府堺市、五世紀前半）出土の家形埴輪には、千木と堅魚木の両方が表現されている。古事記が記す通り、堅魚木が雄略朝には存在したことは確実だが、千木の歴史はさらに古く、広い。

「香川県出土の弥生時代の銅鐸に千木とみられる絵があるが、中国でほぼ同時期にあたる前漢時代に築かれた石寨山古墓《せきさいさんこぼ》（中国雲南省）から出土した、子安貝を蓄える青銅貯貝器《ちょばいき》には食糧倉庫が描かれ、千木がみえる」

大東文化大の工藤隆名誉教授（日本古代文学）はそう指摘する。

稲作文化の発祥地とされる長江流域の中国南部や東南アジア北部から沖縄を経て日本列島にかけては、共通する文化習俗がある。焼き畑、もち米、歌垣、漆などだ。それらと同様に、中国の辺境集落やタイの山間部などで、千木のある高床式穀倉が見られる、と工藤氏は話す。

「中国の改革開放政策でかなり消滅したが、漢民族によって辺境に追いやられた少数民族は、日本の弥生時代と同じような生活を続けてきた」

日本でも古事記が書かれた奈良時代は、都を彩る建築物は瓦ぶきや赤や緑の彩色など唐の様式が主流だった。その中で、古代からの千木や堅魚木の尊さや神秘性が度々登場するのは、興味深いことだ。

「明治維新にも匹敵する国際化の中で合理、実利性の高い文化を吸収しながらも、（古事記編纂《へんさん》を命じた）天武天皇らは強い意志で『古代の古代』文化も残そうとした。その代表例が千木を持つ伊勢神宮の建築様式だ」と工藤氏は語る。

オオクニヌシもニニギも、千木を高天原に向かってそびえさせようとした、と古事記は記す。語りの常套句《じょうとう》であり、千木は神々の住む天に通じると認識されていたと読める。

「千木に象徴される原始的なアジアのアニミズム系文化を、国家段階に至っても維持し続けている唯一の国が日本なのです」

〈「吾此地《あれここ》に来、我が御心すがすがし」とのりたまひて、其地《そこ》に宮を作り坐《いま》す〉

古事記の建築に関する記述で最も古いのは、須佐之男命の宮殿に関するものである。ヤマタノオロチを退治してクシナダヒメを救った須佐之男命は、出雲の須賀に宮を造営する。そして、宮の首《おびと》を任命し、稲田宮主須賀之八耳神《いなだのみやぬしすがのやつみみのかみ》と名付けた。聡明《そうめい》な稲作の神といった意味だ。

弥生時代の日本人は、半地下の竪穴住居に暮らし、穀物は高床式倉庫に保存した。高床式倉庫は単なる穀倉ではなく、神々を招いて盛大な儀式を行ったともいわれ、やがて神殿としての体裁を整えていく。須佐之男命の造営は、そうした歴史を下敷きに書かれたものと読める。

〈妻籠みに　八重垣作る　その八重垣を〉

宮殿を何重もの垣で囲む造りにも、神殿の権威を保つ意味があったのだろう。

神と築いた陶酔境の味

醸造

古事記に記される最初の酒造りは、高天原《たかまがはら》を追放された須佐之男命《すさのおのみこと》が降り立った出雲で行われる。

須佐之男命が肥河《ひのかは》（斐伊川）の上流に降り立つと、老夫婦が泣いていた。老夫婦には八人の娘がいたが、ヤマタノオロチに毎年、一人ずつ食べられ、最後の一人、クシナダヒメもまもなく食べられてしまうという。須佐之男命は老夫婦に、醸造した酒を満たした八つの酒桶を置くよう命じる。準備を整えて待っているとオロチがやってきて、酒を飲み、酔って動けなくなったところを須佐之男命が斬り殺す。

オロチを酔い潰した酒は「八塩折《やしほをり》の酒」。何度も醸した高純度の酒のことで、醸造技術の高さを示唆している。古事記中巻《なかつまき》、十五代応神天皇の段では、醸造の技術を持つ渡来人、須須許理《すすこり》が酒を献上。天皇は酔って浮かれて歌い、平安の酒を賀する。醸造の技は、古事記を華やかに彩っている。

〈汝等《なれども》、八塩折の酒を醸《か》み、また垣を作り廻し其の垣に八門を作り、門毎に八さずきを結ひ、其のさずき毎に酒船を置きて、船毎に其の八塩折の酒を成りて待て〉

高天原を追放された須佐之男命は、食べられようとしているクシナダヒメを救うため、両親のアナヅチとテナヅチに指示する。酔って動けなくなるオロチ。酒は、須佐之男命の活躍を支える重要な武器として、古事記に登場する。

「地元の神話に登場する酒ですから、いつか再現したいと思っていたんですよ」

松江市の宍道湖畔に蔵を構える「國暉《こっき》酒造」の五代目当主、岩橋弘樹氏は約八年前、八塩折の酒を再現することに成功した。

参考にした文献は平安時代に編纂《へんさん》された「延喜式」。同書には八塩折の酒と思われる、仕込み水の代わりに酒を使い、何度も醸造する方法が記されていた。

その通り造ってみたが、繰り返すうちに糖度が高くなり、発酵に欠かせない酵母が死んでしまうこともあった。

「ふつうに仕込む酒の何倍もコストや手間がかかりました」

試行錯誤の末、再現に成功。現在は、仕込んだ酒の一部を次回の仕込みに使うことを繰り返し、「八塩折《やしおり》の酒」として販売している。

再現された八塩折の酒のアルコール度は約一八%。現在飲まれる他の清酒と同じ程度だが、室町時代に麹や米を三回に分けて投入する現在の醸造方法が確立されるまで、酒のアルコール度数は五%ほどにしかならなかった。

その酒を強くするために古代、使われたのが、水の代わりに酒を使って二、三回繰り返し醸す醸造法だった。オロチ退治の神話は、古代日本の醸造知識の豊かさを示すものでもある。

醸造酒の歴史をみると、縄文時代中期頃にヤマブドウやヤマグワといった果実から酒を造っていたとみられる遺構や土器が出土しているが、稲作が伝わった弥生時代以降は、果実を用いた酒造りの痕跡は途絶える。その理由を奈良県立橿原考古学研究所付属博物館の広岡孝信・主任学芸員は、祭祀《さいし》で使う酒を安定的に確保する必要があったからと推測する。

「古代の人々は酔うことで神がかりしたり、神とつながったりすると考えていた。酒は祭祀に欠かせないもの。人々は米を主食としてだけではなく、酒を造る材料としても重視していたのではないでしょうか」

七一二年に書かれた古事記に、ふんだんに強い酒を使う神話が登場するのは、米が安定的に使えるようになった経済・社会情勢をうかがわせる。

〈故是の須須許理、大御酒を醸《か》みて献《たてまつ》る。是に天皇、是の献れる大御酒をうらげて、御歌に曰《の》りたまはく、

須須許理が　醸みし御酒に　我酔ひにけり　事無酒《ことなぐし》　咲酒《ゑぐし》に　我酔ひにけり〉

応神天皇が渡来人の醸した酒に酔う様を、古事記はこう記す。平安無事をもたらす酒、自然と笑みを催す酒の見事さに天皇は酔いしれた。

広岡氏によると、応神天皇の時代とされる五世紀頃は、酒の醸造に用いられた高さ一メートル前後の大型須恵器などの生産が始まり、酒造りの道具がそろった時期だという。「同様の道具は朝鮮半島南部でも出土しており、古事記の記述と照らして、渡来人によってその技術が伝えられた可能性が強い」

良質の酒が量産されるまでになる歴史を、古事記はしっかり記している。

◆第九章

物語から歴史へ

古事記と日本書紀、その性格の違いから
神話の記述が異なる意味を考える

出雲大社にあるオオクニヌシノミコト像。縁結びの神として信仰を集める＝島根県出雲市

天照誕生に込めた意図

「生む」と「成る」

皇祖神であり太陽神である天照大御神《あまてらすおおみかみ》は誰が生んだか。日本の出発点にかかわるこの大問題で、古事記と日本書紀は記述が異なる。記紀を読み比べたときに最初に気になる点である。

古事記が描く神生み神話では、国生みを終えたイザナミノミコトは神生みの途中、火の神を産んだ際のやけどで命を落とす。黄泉《よみ》の国に妻を迎えに行ったイザナキノミコトは、変わり果てた妻の姿に驚いて逃げ帰り、穢《けが》れを落とそうとした禊《みそぎ》の際に、天照大御神、月読命《つくよみのみこと》、須佐之男命《すさのおのみこと》を誕生させる。イザナキ、イザナミの夫婦神による神生みは完遂できない形で、神生み神話は完結するのだ。

一方、日本書紀の本文では、夫婦神が天照大神《あまてらすおおみかみ》（書紀の表記。以下古事記の表記を用いる）ら三貴子を生み、神生みを成し遂げて終わる。古事記と同じストーリーは、本文とは別に「一書《あるふみ》に曰《いわ》く」の形で添えられ、異伝扱いになっている。

〈吾已《われすで》に大八洲国《おおやしまくに》と山川草木とを生めり。何ぞ天下の主《きみ》たる者を生まざらむ〉（我々はすでに国と山川草木を生んだ。どうして天下の主たる者を生まずにおれようか）

日本書紀では、イザナキとイザナミはそう言って天照大御神を産んだと記す。

〈是に共に日神《ひのかみ》を生みたまふ〉

これに対して古事記の記述はこうだ。

〈是に左の御目を洗ひたまふ時に成りませる神の名は天照大御神〉

イザナキが洗った左目から誕生したのが天照大御神だ、と記すのである。

「イザナキ、イザナミの国生み、神生みではすべて『生む』という言葉が使われているが、古事記では天照大御神の誕生と、その子の誕生だけには『成る』が使われ、特異な印象を受ける」

そう指摘するのは大阪市立大の毛利正守名誉教授である。記紀はともに、イザナキ、イザナミ以前の神々の誕生には「成る」を使っている。その神々とは、最初に現れたタカミムスヒノカミら五柱の別《こと》天つ神と、イザナキらを含む二柱五組の神世《かみよ》七代《ななよ》だ。

「地上界に降臨する天照大御神の孫ニニギノミコトは再び、生まれたと書かれている。『成る』は神聖な生まれと強調する言葉。最高神、皇祖神として意識するために使ったのではないか」

成る、とするために古事記では、イザナミは亡くなっていなくてはならなかった、という推論である。

イザナミに関しては、亡骸《なきがら》が葬られた場所も記紀では違う。
〈出雲国と伯伎国《ははきのくに》との境の比婆之山《ひばのやま》に葬りき〉（古事記）
〈紀伊国《きいのくに》の熊野の有馬村に葬りまつる〉（日本書紀）
なぜ違うのか。「出雲神話を手厚く扱っているのが古事記だから」。そう指摘するのは同志社大元教授で古代学研究者の辰巳和弘氏だ。
「イザナミの死後、母に会いたいと言っていた須佐之男命が出雲に降り立つことを見据えて、出雲方面にイザナミを葬ったとする言い伝えを採用したのでしょう」
一方で熊野は、九州から東征して大和政権を打ち立てた初代神武天皇が上陸した地だ。
「『クマ』は古い日本語では『神聖な』という意味を持つ。日本書紀は、大和朝廷にとって特別な場所として強調するために、熊野を盛り込んだのだと思います」

皇祖神の神聖視と、天皇家統治の正統性の主張。記紀の目的は同一だが、手法が違うことを如実に示すのがイザナキ、イザナミにまつわる記述である。

日本書紀の特徴は、本文の後に添えられている「一書に曰く」で始まる文章があること。本文の記述に関する別の伝承などを併記したもので、十以上の一書を記した箇所もある。

イザナキ、イザナミの神生みでは、本文に追加された一書は十一もあり、イザナミが火神を産み、命を落とすことや、やけどの苦しみの中で神を産み続けた話などが書かれている。

古事記にあるイザナキの黄泉の国訪問は、神代上［第五段］の第六の一書に記されている。この一書は本文に匹敵する長文で、イザナミの死、黄泉の国の入り口で繰り広げられるイザナキとイザナミとの別れ、イザナキの禊による三貴子の誕生が綴《つづ》られている。

「黄泉の国の物語を本文に記さなかったのは、死という忌むべきものを前面に出さないためだったのかもしれません」。毛利氏はそう話す。

「鎮魂」正史に盛られず

オオクニヌシの軽視

稲羽（因幡）の白兎神話で登場し、須佐之男命《すさのおのみこと》が与える試練に耐えて兄の八十神《やそがみ》たちを退ける実力を身につけ、国造りに邁進《まいしん》するオオクニヌシノミコト。古事記が描くオオクニヌシ物語は、神代を扱う上巻《かみつまき》の五分の一以上を占める。記された内容を見ても間違いなく、オオクニヌシは古事記の主役だ。その存在は四つの別名でも紹介される。オオナムジノカミ、アシハラシコオノカミ、ヤチホコノカミ、ウツシクニタマノカミである。オオクニヌシの記述は三部に大別できる。大国主に成長する物語、妻との歌謡物語、国造り物語で、それぞれに四つの名前が使い分けられている。各地の国造りの神を古事記は一人にまとめた、という説がある所以《ゆえん》である。

このオオクニヌシを日本書紀は、神代上［第八段］一書第六で触れるのみ。オオクニヌシの軽視は何を示すのだろうか。

「結論的に言えば、日本書紀は国譲りさえ書ければよかったということです。外国に対して、当時の日本がいかに素晴らしいかを訴える書ですから、天照大御神《あまてらすおおみかみ》の末裔《まつえい》たちがいかにオオクニヌシに国を譲らせたかが大事だった」

記紀の違いをそう説くのは、島根県立古代出雲歴史博物館の森田喜久男・専門学芸員である。

森田氏の見方の根幹には記紀の性格の違いがある。国内向けに天皇家統治の正統性を主張する古事記に対して、書紀は中国や朝鮮を意識して対外向けに編纂《へんさん》されている。正史を持つのが当時の一等国の証しで、書紀は後に、遣唐使が中国に運んだといわれる。

この目的のために、書紀は完璧な漢文で書かれている。古事記が仮名のない時代に、漢字の音と訓を使い分けた和文で表現されているのと対照的である。書紀では神代は全体の一五分の一ほどしか占めない。三分の一が神代の古事記とは、ここも大きく異なる。

「いわば書紀は、律令国家の所信表明のようなものだから、記述に一分のすきも見せてはならない。古事記は国内向けの首相談話のような性格だから、先達たちの素晴らしさを遠慮なく書けた。ドラマチックに書かれているのはそれが理由でしょう」

オオクニヌシの記述が少ない書紀にも、医療知識で白兎を救った神話を連想させるくだりがある。

〈復顕見蒼生《またうつしきあをひとくさ》と畜産《けもの》との為には、其の病を療《をさ》むる方《のり》を定め、又鳥獣・昆虫の災異《わざはひ》を攘《はら》はむが為は、其の禁厭《まじなひ》の法を定めき〉（この世の人民と家畜のために病気の治療法を定め、鳥獣・昆虫の災害を払い除くためにまじないの方法を定められた）

古事記のオオクニヌシは皮をはがれた白兎を治療する方法、真水で患部を洗って蒲の花粉をまぶすことを知っていた。自らが大やけどで死んだ際には、高天原《たかまがはら》から派遣された女神が蛤《はまぐり》と赤貝を使った秘薬で蘇生させる記述もある。オオクニヌシは先進的な医療知識を武器に、国造りを進めたことが古事記には暗示されているが、書紀ははっきり、医療・衛生知識で国を治めたと書いている。

〈是《こ》を以ちて、百姓《おほみたから》今に至るまでに咸《みな》恩頼《めぐみ》を蒙《かぶふ》れり〉（これによって人民は今に至るまで、ことごとくおかげを蒙っている）

たとえ短くても、史実にきっちり書き残す。そうした書紀の性格が明瞭に見られるのがオオクニヌシのくだりである。

「記紀とほぼ同時代に編纂された出雲国風土記に登場する植物は、すべて薬草です。当時の大和に献上された薬草の八割近くは出雲からという分析もある」

そう話すのは、白兎神話に詳しい鳥取大の門田眞知子名誉教授である。「医療の神としてのオオクニヌシと、医療先進地としての出雲は、記紀いずれの編纂者も認識していたのでしょうね」。

にもかかわらず、古事記の冗舌と書紀の淡白さはなぜ生まれたのか。門田氏は「敗れた者、滅びゆく者への思いも書くのが古事記だったから」と推測する。根拠は、兎が神になる神話を持っているのが日本では唯一、土師氏だったことである。土師氏は出雲の野見宿禰を祖先とし、大和で古墳造営や葬送儀礼に携わった氏族だ。

「土師氏は弔いのための埴輪をつくる氏族。西を黄泉《よみ》の国とする演出も古事記にはある。そうしたことも考え合わせると、古事記は反主流派への鎮魂の役割も持っていたのでは。オオクニヌシは敗れた者の象徴だから、古事記では記述が多いのでしょう」

太陽神と鏡 大和心映す

天孫降臨

平成二十五年十月二日に行われた伊勢神宮内宮の遷御《せんぎょ》の儀。式年遷宮のクライマックスで、純白の絹垣《きんがい》に覆われ、新しい正殿に移ったのはご神体の鏡とされる。内宮のご神体を鏡とするのは、古事記の記述が基になっている。

古事記が描く天孫降臨では、天照大御神《あまてらすおおみかみ》は高天原《たかまがはら》から地上界に降《くだ》る孫のニニギノミコトらに鏡を持たせ、「私の御魂《みたま》として祭るように」と伝える。鏡は「伊須受能宮《いすずのみや》」（五十《いす》鈴《ず》の宮＝伊勢神宮）に祭られる、と古事記は記す。

日本書紀では、天孫降臨を扱った本文に鏡は登場しない。第一の一書《あるふみ》に、八咫鏡《やたのかがみ》が天《あま》降《くだ》ったとあるが、天照大御神の御魂とはしていない。第二の一書では、天照大御神は宝《たからの》鏡《かがみ》を子のアメノオシホミミに授けるが、オシホミミも宝鏡も天降らない。書紀では結局、天照大御神自身が降臨し、伊勢に祭られることになる。

高天原から降臨したのは鏡か天照大御神自身か。記紀はそれぞれ、こう書いている。

〈此《こ》の鏡は、専《もは》ら我が御魂と為《し》て、吾が前を拝むが如く、いつき奉れ〉（この鏡をひたすら私の御魂として、私を祭るように祭って仕えよ）（古事記）

〈吾が児、此の宝鏡を視《み》まさむこと、吾《あれ》を視るが猶《ごと》くすべし。与《とも》に床を同じく殿《おおとの》を共にして、斎鏡《いわいのかがみ》と為《な》すべし〉（我が子よ、この宝鏡をご覧になることは、私を見るのと同じに考えよ。床を同じくし、殿を同じくして、お祭り申し上げる鏡とせよ）（日本書紀）

古事記で、天照大御神の言葉を受けるのは降臨する孫のニニギだ。一方、書紀が記す「吾が児」とはオシホミミで、天照大御神に命じられた降臨の途中、高天原と地上界の間で子のニニギが生まれたために、降臨を取りやめる神である。父に代わってニニギが降臨するが、鏡の移譲があったことは記されていない。

「古事記の天照大御神には支配の二重構造がある」と、大阪市立大の毛利正守名誉教授は言う。太陽神として高天原に君臨すると同時に、自らの御魂としての鏡を天降りさせ、伊勢神宮で祭られるからだ。

「こうした二重構造は、至高神である天照大御神にのみ与えられている地位を強調するものでしょう」

〈其の祠《やしろ》を伊勢国に立て、因《よ》りて斎宮《いつきのみや》を五十鈴川の上に興《た》てたまふ。是を礒宮《いそのみや》と謂《い》ふ。則ち天照大神の始めて天より降ります処なり〉

書紀がそう書いて、天照大御神自身が降臨した事情を記するのは十一代垂仁天皇の治世二十五年目の本文である。天皇の娘、ヤマトヒメに託されて、鎮座する土地を求めて旅をしたこともこの本文に書かれている。

〈是の神風の伊勢国は、則ち常世《とこよ》の浪の重浪帰《しきなみよ》する国なり。傍国《かたくに》の可怜《うま》し国なり。是の国に居《を》らむと欲《おも》ふ〉（この神風の吹く伊勢の国は、常世の波がしきりに打ち寄せる国である。大和から片寄った遠い国で、美しい、よい国である。この国に居たいと思う）

天照大御神がヤマトヒメにそう言って、伊勢神宮への鎮座が決まった、と書紀は記する。伊勢神宮に祭られているのは天照大御神自身、と書紀は書いているのである。

古事記は、鏡が伊勢に祭られた経緯には一切触れていない。祭られた年代も初代神武天皇より前の神代としか推測できない。「史実を重んじているのは古事記よりも日本書紀」（皇学館大の岡田登教授）といわれる所以《ゆえん》である。

「日本書紀には歴代天皇の崩御年の干支が記され、天照大御神が伊勢に鎮座する垂仁天皇二十五年は、西暦二九七年と導き出せる」

岡田氏はそう語る。その時期、十代崇神天皇から十二代景行天皇の宮があったとされる奈良県桜井市の纒向《まきむく》遺跡（三～四世紀）では、東海や北陸、吉備などから多くの土器が集まっていたことが確認されている。その半分は伊勢湾を中心とする東海系。当時の大和政権が盛んに、伊勢と交流していたことを裏付け、この時代に神宮祭祀《さいし》が始まることは考古学上も矛盾がない。

「一書を併記して読む人に何が正しいかを考えさせる原典主義が日本書紀の特徴」と岡田氏は言う。毛利氏は「古事記は文学作品として見ると、古代の人の考え方が表徴されていることがよくわかる。鏡を神聖視し、それは日本人の精神的な支柱として受け継がれている」と話す。

原典に忠実な書紀と、大和心を重視した古事記。それぞれに役割があったことが、降臨神話でわかる。

父の情愛 統治の理想像

ヤマトタケルの死

神話の中で須佐之男命《すさのおのみこと》と並ぶ英雄として語られるヤマトタケルノミコト。大和に従わない西国のクマソタケルを討ち、東国の荒ぶる神々や従わない人々を平定し、故郷へ帰る途中に非業の死を遂げる物語は、記紀ともに父である十二代景行天皇の条に記されている。決定的に違うのは、父子の関係性だ。

古事記では、兄のオオウスの手足をもぎ取って殺し、こもに巻いて捨てたヤマトタケルの荒々しさを景行天皇が恐れ、自分から遠ざけるように西征を命じる。ヤマトタケルが任務を果たして帰ると、労をねぎらうこともなく、すぐに東征を命じる。これに対し、日本書紀では、天皇自らが平定した西国で再びクマソの反乱が起きた際、ヤマトタケルに討伐を命じている。天皇は討伐に成功して戻ったヤマトタケルの手柄を褒め、特に愛したとあり、父子の情愛が描かれている。

名古屋市のベッドタウン、愛知県長久手市。ここに、景行天皇を祭神とした「景行天皇社」がある。

「景行天皇が巡幸の折、この地の豪族が斎殿を建てて歓迎したことにちなみ創建されたと聞いています」

地元の郷土史研究会の中野鉄也会長はそう話す。同社は今の時期、地域の氏神として七五三参りの家族連れでにぎわう。

「景行天皇は亡き息子、ヤマトタケルをしのび、東国を巡幸されました。子を思う親の気持ちは今も昔も変わらないと思えます」

景行天皇の東国巡幸は日本書紀にのみ記されている。天皇自ら〈朕顧愛子　何日止乎。冀欲巡狩　小碓王所平之國〉（自分の愛した子を思いしのぶことはいつの日にやむことだろう。オウスの平定した国々を巡幸したいと思う）と話したと記され、旅の目的が東国平定の帰路で帰らぬ人となった息子、ヤマトタケルの足跡をたどるためだったことがわかる。

西征に続いて東征に成功したヤマトタケルは、尾張のミヤズヒメを娶《めと》り、胆吹山《いぶきのやま》の荒ぶる神の討伐に出かける。しかし、山の神が降らせた雹《ひょう》に打たれ、ついに命を落とす。景行天皇はヤマトタケルの訃報を聞くと、安らかに眠ることができなくなり、昼夜むせび泣き胸をうって悲しんだ。

〈東夷騒動《あづまのひなさわきとよ》み、討たしむ者勿《な》し。愛しきを忍びて賊の境に入らしむ。一日の顧《しの》はずといふこと無し〉（東方の鄙《ひな》の国が騒乱を起こし、これを征討させる者がいなかったので、愛しさを忍んで賊地に入らせた。一日とてもわが子をしのばぬことはなかった）

書紀では、天皇はそう言って嘆き、父親としての愛惜を語る。

〈朝夕に進退《おこな》ひて、還らむ日を佇待《たたずみま》ちしに……今より後、誰人《たれ》と与《とも》にか鴻業《あまつひつぎ》を経綸《をさ》めむ〉

（朝夕に帰る日を待ち続けたのに……今後、誰と天つ日嗣《ひつぎ》を治めようか）

天皇の言葉は、ヤマトタケルを息子として、さらには後継者として深く頼むところがあったことを示している。

「史書である日本書紀では、主役はあくまで天皇。ヤマトタケルは、ロボットのように父に従う、有能な息子として描かれている」

そう読む帝塚山学院大の及川智早教授は、天皇の嘆きに紙面を割く理由をこう推論する。

「親子の情を通わせる物語を描くことで、家族関係を重視する儒教の思想に従った理想の天皇像を示そうとしたのかもしれません」

古事記が描く景行天皇は冷徹そのものである。西征から休む間もなくヤマトタケルを東征に出す際、こう言ったのみだと記す。

〈東の方十二道の荒ぶる神とまつろはぬ人等を、言向《ことむ》け和平《やは》せ〉（東方の十二カ国の荒れて従わない神と、従わない人々を従わせ、平定せよ）

ヤマトタケルは伊勢にいる叔母、ヤマトヒメを訪ね、悲しみをぶつける。

〈天皇既に吾の死ぬことを思ほす所以《ゆゑ》か、何ぞ〉（天皇がもはや私に死ねと思っていらっしゃるのはなぜでしょうか）

ヤマトタケルの物語の悲劇性を際立たせる構成と記述である。古事記は、ヤマトタケルの死に際しても、父の様子には全く触れていない。

「物語性を重視する古事記ならではの手法。時代の変化を暗示させる効果を持たせている」と及川氏は指摘する。ヤマトタケルに古い統治体制を代表させ、天皇がそれを放逐して新しい統治を行うことを示唆している、という推論である。古事記もまた、国家的な目的を持っていたのである。

新国家の矜持と大和魂

実《まこと》を定め後世に

古事記と日本書紀はともに、四十代天武天皇の飛鳥浄御原宮《あすかきよみはらのみや》（奈良県明日香村）で編《へん》纂《さん》作業が始まった。

古事記は、記憶力に優れた二十八歳の舎人《とねり》（天皇や皇族に仕えた官人）、稗田阿礼《ひえだのあれ》が誦《よ》み習った帝紀《ていき》と旧辞《きゅうじ》を、後に太安万侶《おおのやすまろ》が撰録して編纂。七一二年に四十三代元明天皇に献上された。天武天皇が誦み習いを命じたのは天武十（六八一）年頃とされる。

書紀は、天武十年、川島皇子、忍壁皇子《おさかべ》ら十二人が中心となり、帝紀と上古の諸事を記録したのが編纂の始まりとされ、七二〇年に舎人親王が元正天皇に献上した。全三十巻、系図一巻。正統な漢文で編纂当時の「近現代史」が詳細に記録されている。

古事記は全三巻で、神代や五世紀までの天皇の説話が大部分を占める。個人の力量に頼った古事記と、組織的編纂の書紀という印象を受ける。

〈大津皇（子）〉

〈子首《こびと》〉

〈阿直史友足《あちきのふみとともたり》〉

〈辛巳《しんし》年〉


昭和六十年、飛鳥京跡（奈良県明日香村）から出土した木簡にあった文字である。「辛巳年」は天武十年にあたり、「子首」は天皇が日本書紀の編纂を命じた川島皇子ら十二人の一人だ。

〈帝紀と上古の諸事を記定《しるしさだ》めしめたまふ〉

書紀は、天武十年三月のこととして、編纂の始まりをそう書く。木簡は、書紀編纂事業の原資料とみられる。

「これだけの木簡が出土したのだから、近くに編纂の史局があった可能性が高い」

木簡の釈読《しゃくどく》に従事した京都教育大の和田萃《あつむ》名誉教授は、そう指摘する。

古事記の編纂もほぼ同じ時期にスタートしたと考えられるが、それを裏付ける原資料はない。

〈時に舎人有り。姓《うじ》は稗田、名は阿礼、年は是廿八《これはたちあまりやつ》。人為聡明《ひととなりさと》くして、目に度《わた》れば口に誦み、耳に払《ふ》るれば心に勒《しる》す。即ち、阿礼に勅語《みことのり》して、帝皇日継《すめろきのひつぎ》と先代旧辞《さきつよのふること》を誦み習はしめたまふ〉

古事記は序文で、阿礼の人となり、命じられた仕事をそう記す。

「漢文で記された帝紀を読誦《とくしょう》する能力と、口伝で伝えられている大和言葉の旧辞を暗唱する能力を兼ね備えていたことがわかる」

直木賞作家の長部《おさべ》日出雄氏はそう話す。

稗田阿礼は、天照大御神《あまてらすおおみかみ》を天岩屋から誘い出したアメノウズメノミコトの後裔で、芸能を得意とした猿女君《さるめのきみ》一族の女性とする説が根強い。長部氏も「古事記は随所に女性でしかあり得ない視点が存在する」と女性説を支持する。

太安万侶が阿礼の誦む勅語の旧辞を撰録したのは、天武の死から二十五年後の七一一年。

「この間も脳裏での推敲《すいこう》を重ね、女性の感性と想像力がにじみ出たのではないかと思う」

古事記の序文は、記紀編纂の狙いと読める、天武自らの勅語を記す。

〈朕《あれ》聞く、諸《もろもろ》の家の齎《も》てる帝紀《すめろきのふみ》と本辞《さきつよのことば》と、既に正実《まこと》に違《たが》ひ、多く虚偽《いつはり》を加へたり。今の時に当りて其の失《あやまり》を改めずば、幾ばくの年を経ずして其の旨滅《むねほろ》びなむと欲《す》。（中略）故惟《かれおもひ》みれば、帝紀を撰《えら》び録《しる》し、旧辞《ふるごと》を討《たづ》ね覈《きは》め、偽《いつはり》を削り実《まこと》を定めて、後葉《のちのよ》に流《つた》へむと欲《おも》ふ〉

（諸家の帝紀と旧辞は、国家組織の基本で天皇の政治の基礎となるものだが、偽りも多く、その誤りを改めねばならない。帝紀・旧辞をよく調べ、正し、偽りを削り真実を定めて撰録し、後世に伝えようと思う）

この勅語には背景が二つある、と京都大の上田正昭名誉教授は指摘する。一つは、倭（日本）と百済が、唐と新羅の連合軍に敗北した白村江の戦（六六三年）を機に国家意識が高まったこと。もう一つは大友皇子と皇位を争った壬申の乱（六七二年）に勝利し、律令国家成立に向けて歩み始めたことだ。

この背景のもと、書紀は国際的に通用する歴史書として編纂された。作業には中国や朝鮮から渡来した学者も関わったとされる。

「対照的に古事記は、日本人としての教養や判断力を指しての大和魂を独自の漢文式和文体で残そうとした。祖先の伝承が書かれた文化遺産です」

大王を天皇、倭国を日本国と確実に呼ぶようになったのも天武期だ。新しい国造りの時代に生まれたのが記紀なのである。

「渡来文化を受容しながらも、土着の文化力を大切にする和魂漢才（和魂洋才）を両書に見いだすことができる」と上田氏は言う。日本人の源流は間違いなく、記紀にある。

おわりに

安本寿久（産経新聞編集委員）

「稲羽（因幡）の白兎の話を知っていますか」

そう尋ねると、たいていの人は「知っている」と答える。では、どんな話？　と重ねて問うと、皮をはがされた白兎が助けられる話と返ってくる。

「だれに？」「神様。ダイコク様だったかなあ……」ここまで答えられれば、いいほうである。その時、大国主命はなぜ、文部省唱歌にあるように「大きな袋を肩にかけ」ているのか。白兎を救った後、どんな運命をたどったのか。こうしたことを知っている人はほとんどいない。その名が示すように、大国主命は、この国を造った神であるにもかかわらず、である。

古事記をテーマに連載を書こう。そう思い立ったのは古事記編纂一三〇〇年の平成二十四年のことだった。古事記は日本最古の歴史書。八年後に編纂される日本書紀との大きな違いは、神代の時代を上巻で、つまりは神話を全体の三分の一で扱っている点だ。

神話は史実とは言い難い。それが海外を意識した正史である書紀が神話を軽視する理由である。が、神話ほどその国の国民性や価値観を反映した物語はない。例えば白兎を助けた大国主命は預言者となった白兎の神託を得てヤカミヒメを得、その後の試練では突然現れた鼠の言葉に救われて、やがて須佐之男命から国造りを命じられる神に成長する。兎といい、鼠といい、これほど小動物が重要な役割を果たす神話は他国にはない。

特に欧米の神話の動物神は、ライオンだったり鷲だったりの猛禽類が多い。それは何を意味するか。日本では弱者に気配りし、救う者だけが弱者に助けられてリーダーになれる。そんな価値観を示しているのが稲羽の白兎神話なのである。

神々を完全な姿として描かず、物語の中で成長させるのも日本の神話の特徴である。例えば須佐之男命は三貴子として誕生した直後は、亡き母のイザナミノミコト恋しさのあまり、泣きわめいて大海原を治める責任を果たさず、父のイザナキノミコトに追放される姿で登場する。姉の天照大御神の治める高天原では、手のつけられない暴れん坊になり、天岩戸隠れ神話の原因となる。その結果、地上界に追放されるのだが、そこでは突如、ヤマタノオロチを退治してクシナダヒメを救うヒーローになる。

〈八雲立つ　出雲八重垣　妻ごみに　八重垣つくる　その八重垣を〉

ヒメを妻とし、幾重にも垣根で守られた宮殿で大切にする心情を詠んだ歌は日本最古の和歌とされる。これほどの愛妻家で文化人になった、と古事記は記す。神々も成長して、初めて崇められるにふさわしい神になる。これほど教訓的な物語もあるまい。

日本神話が描くのは再生の物語である。何者も未熟な姿から試練を乗り越え、新たな姿へと生まれ変わりを繰り返す。その思想はおそらく、温暖多雨で豊かな自然を育む日本の国土が創り出したものだろう。日本とはどういう国柄か。日本人とは何か。それを考える上で神話ほど、有益なものはない。

日本人であることを楽しく、誇らしく思わせてくれるもの。それが神話である。

「神話」取材班

安本寿久（やすもと・としひさ）
昭和56年、産経新聞社入社。社会部次長、サンケイエクスプレス編集長、編集局次長兼総合編集部長、編集長などを経て編集局編集委員。著書に『評伝廣瀬武夫』、共著に『親と子の日本史』『人口減少時代の読み方』など。

小畑三秋（こばた・みつあき）
昭和40年、大阪府生まれ。鳥取支局、奈良支局、社会部を経て地方部編集委員。高松塚古墳、東日本大震災で被災の文化財救出活動などを取材。

川西健士郎（かわにし・けんしろう）
昭和51年、東京都生まれ。福井支局、大津支局、奈良支局を経て社会部記者。北陸の白山信仰の長期連載、近江や大和の考古学などを取材。

佐々木詩（ささき・うた）
昭和53年、山形県生まれ。津支局、和歌山支局を経て文化部記者。世界遺産に登録された熊野古道、伊勢神宮の式年遷宮などを取材。

門井 聡（かどい・さとし）
昭和52年生まれ。大阪本社写真報道局ニュース担当。東日本大震災、ロンドン五輪など取材分野は多岐に渡る。

初出：平成24（2012）年7月4日から25年11月30日まで、産経新聞（大阪版）に連載された『日本人の源流 神話を訪ねて』に、加筆・修正し再編集しました。
肩書きや事実関係は産経新聞掲載時のものです。
単行本　平成26年4月　産経新聞出版刊

産経NF文庫

国民の神話

二〇一八年十月二十三日　第一刷発行

著　者　産経新聞社

発行者　皆川豪志

発行・発売　株式会社　潮書房光人新社

〒100-8077　東京都千代田区大手町一-七-二

電話／〇三-六二八一-九八九一(代)

印刷・製本　凸版印刷株式会社

定価はカバーに表示してあります

乱丁・落丁のものはお取りかえ致します。本文は中性紙を使用

ISBN978-4-7698-7004-3　C0195

http://www.kojinsha.co.jp